# DAS PERFEKTE PLÄTZCHEN-KOCHBUCH FÜR ANFÄNGER

100 Rezepte, um die Kunst des Backens zu meistern und wunderbare Desserts für Freunde und Familie zu kreieren

BIRGIT BRAUER

## Alle Rechte vorbehalten.

## Haftungsausschluss

Die in diesem eBook enthaltenen Informationen sollen als umfassende Sammlung von Strategien dienen, die der Autor dieses eBooks erforscht hat. Zusammenfassungen, Strategien, Tipps und Tricks sind nur Empfehlungen des Autors, und das Lesen dieses eBooks garantiert nicht, dass die eigenen Ergebnisse genau die Ergebnisse des Autors widerspiegeln. Der Autor des eBooks hat alle zumutbaren Anstrengungen unternommen, um aktuelle und genaue Informationen für die Leser des eBooks bereitzustellen. Der Autor und seine Mitarbeiter haften nicht für unbeabsichtigte Fehler oder Auslassungen, die möglicherweise gefunden werden. Das Material im eBook kann Informationen von Dritten enthalten. Materialien von Drittanbietern enthalten Meinungen, die von ihren Eigentümern geäußert werden. Daher übernimmt der Autor des eBooks keine Verantwortung oder Haftung für Materialien oder Meinungen Dritter.

Das eBook ist urheberrechtlich geschützt © 2022 mit allen Rechten vorbehalten. Es ist illegal, dieses eBook ganz oder teilweise weiterzuverbreiten, zu kopieren oder davon abgeleitete Werke zu erstellen. Kein Teil dieses Berichts darf ohne die ausdrückliche und unterzeichnete schriftliche Genehmigung des Autors in irgendeiner Form vervielfältigt oder weiterverbreitet werden.

# INHALTSVERZEICHNIS

**INHALTSVERZEICHNIS** .................................................................................. 3
**EINLEITUNG** ................................................................................................. 7
**BUTTERKEKS-PLÄTZCHEN** ........................................................................ 8
   1. Mandelgebäck ................................................................................... 9
   2. Butterkekse aus braunem Zucker ................................................ 11
   3. In Schokolade getauchte Macadamianuss-Shortbread-Kekse 14
   4. Kekse mit Früchten ........................................................................ 17
   5. Lavendel-Shortbread-Kekse ......................................................... 20
   6. Mokka-Shortbread-Kekse .............................................................. 23
   7. Erdnuss-Shortbread-Kekse ........................................................... 26
   8. Gewürzte Shortbread-Kekse ........................................................ 29
   9. Pecan Spritzgebäck ....................................................................... 31
  10. Oregon-Haselnuss-Shortbread-Kekse ........................................ 34

**SCHOKOLADENKEKSE** .............................................................................. 36
  11. Brezel und Karamellplätzchen ..................................................... 37
  12. Keks aus Hanf-Rosskastanie ....................................................... 39
  13. Kuchen-Mix-Plätzchen .................................................................. 41
  14. Devil-Crunch-Plätzchen ................................................................ 43
  15. Pekannuss-Kekse .......................................................................... 45
  16. Schlagsahne-Brownies ................................................................. 47
  17. Kuchenmischung Sandwich-Plätzchen ...................................... 49
  18. Granola und Schokoladenkekse ................................................. 51
  20. Deutsche Plätzchen ...................................................................... 53
  21. Anis-Kekse ..................................................................................... 55
  22. Süße grüne Kekse ......................................................................... 58
  23. Kekse mit Schokoladenstückchen ............................................. 60

**BISKOTTI** ..................................................................................................... 63
  24. Brownie Biscotti ............................................................................. 64

| | | |
|---|---|---|
| 25. | MANDELGEBÄCK | 67 |
| 26. | ANIS-BISCOTTI | 70 |
| 27. | ANIS-ZITRONEN-BISCOTTI | 73 |
| 28. | KIRSCHKEKSE | 76 |
| 29. | HASELNUSS- UND APRIKOSENBISCOTTI | 79 |
| 30. | ZITRONEN-ROSMARIN-BISCOTTI | 82 |

## ZUCKERKEKSE ........................................................................ 85

| | | |
|---|---|---|
| 31. | MANDEL-ZUCKER-KEKSE | 86 |
| 32. | ZUCKERKEKSE | 89 |
| 33. | ZUCKERPLÄTZCHEN MIT BUTTERCREME-ZUCKERGUSS | 91 |
| 34. | MANDEL-BRICKLE-ZUCKER-KEKSE | 94 |
| 35. | AMISCHE ZUCKERKEKSE | 96 |
| 36. | GRUNDLEGENDE SCHMALZ-ZUCKER-KEKSE | 99 |
| 37. | ZIMT-ZUCKER-KEKSE | 101 |
| 38. | GEBROCHENE ZUCKERKEKSE | 103 |
| 39. | KEKSE AUS PEKANNUSSZUCKER | 105 |
| 40. | ZUCKERPLÄTZCHEN WÜRZEN | 107 |
| 41. | PLÄTZCHEN AUS PISTAZIENZUCKER | 109 |

## KÄSEPLÄTZCHEN ................................................................... 111

| | | |
|---|---|---|
| 42. | KÄSE-VORSPEISE-KEKSE | 112 |
| 43. | SCHOKOLADENKEKSE | 114 |
| 44. | APRIKOSEN-FRISCHKÄSE-KEKSE | 116 |
| 45. | KÄSE-ERDNUSSBUTTER-KEKSE | 119 |
| 46. | HÜTTENKÄSE KEKSE | 121 |
| 47. | HÜTTENKÄSE-HAFERKEKSE | 123 |
| 48. | FRISCHKÄSE UND GELEEKEKSE | 125 |
| 49. | KEKSE MIT FRISCHKÄSE-AUSSCHNITT | 127 |
| 50. | JUMBO-FRISCHKÄSE-ERDNUSSBUTTER-COOKIE | 129 |
| 51. | MEXIKANISCHE KÄSEKEKSE | 131 |
| 52. | ORANGEN-FRISCHKÄSE-KEKSE | 133 |
| 53. | APFELPLÄTZCHEN MIT KRÄUTERKÄSE | 135 |
| 54. | RICOTTA-KÄSE-PLÄTZCHEN | 137 |

| 55. | Zähe Schoko-Frischkäse-Kekse | 139 |

## INGWERPLÄTZCHEN ............................................................................. 141

| 56. | Omas Gingersnaps | 142 |
| 57. | Lebkuchenjungen | 144 |
| 58. | Schokoladen-Rumkugeln | 147 |
| 59. | Kekse mit Ingwermelasse | 149 |
| 60. | Zähe Ingwer-Weihnachtsplätzchen | 152 |
| 61. | Ingwerplätzchen fallen lassen | 154 |
| 62. | Ingwer-Zitronen-Kekse | 156 |
| 63. | Fettarme Ingwerkekse | 158 |
| 64. | Kürbis und frische Ingwerkekse | 160 |
| 65. | Weiche Ingwer-Cookies | 162 |
| 66. | Süße Träume Ingwerkekse | 164 |

## FALLEN GELASSENE PLÄTZCHEN ....................................................... 166

| 67. | Orange Cranberry-Drops | 167 |
| 68. | Zuckerpflaumenbonbons | 170 |
| 69. | Wiener Halbmond Plätzchen | 172 |
| 70. | Cranberry-Hootycreeks-Tropfen | 175 |
| 71. | Apfel-Rosinen-Bonbons | 177 |
| 72. | Blaubeer-Tropfen-Kekse | 179 |
| 73. | Kirschtropfen-Kekse | 181 |
| 74. | Kekse mit Kakaotropfen | 183 |
| 75. | Mit Datum gefüllte Drop-Cookies | 185 |
| 76. | Devil's Food Drop-Kekse | 188 |
| 77. | Hickory-Nuss-Tropfen-Kekse | 191 |
| 78. | Ananas-Tropfen-Kekse | 193 |
| 79. | Rosinen-Ananas-Tropfen-Kekse | 195 |
| 80. | Zucchini-Drop-Cookies | 197 |

## PLÄTZCHEN-SANDWICHES ................................................................. 199

| 81. | Schokoladen-Trüffel-Plätzchen | 200 |
| 82. | Haferflocken-Creme-Sandwiches | 204 |

| 83. | Windbeutel und Éclairs Napfkuchen | 208 |
| 84. | Eis-Cookie-Sandwich | 211 |
| 85. | Italienische Erdbeersandwiches | 213 |
| 86. | Karottenkuchen-Sandwiches | 216 |
| 87. | Ingwer-Nuss-Eis | 219 |
| 88. | Schokoladenplätzchen und Vanille-Sandwich | 222 |
| 89. | Vanille-Soja-Eis-Sandwich | 225 |
| 90. | Röntgen-Eis-Sandwiches | 228 |
| 91. | Schokoladen-Soja-Eis | 231 |
| 92. | Doppelte Schokoladensandwiches | 234 |
| 93. | Schokoladen-Kokos-Eis-Sandwich | 237 |
| 94. | Gefrorene Schokoladenbananen | 240 |
| 95. | Eis-Cookie-Sandwich | 243 |

## SNICKERDOODLE ............................................................................. 245

| 96. | Snickerdoodles aus Maismehl | 246 |
| 97. | Fettarme Snickerdoodles | 249 |
| 98. | Vollkorn-Snickerdoodles | 252 |
| 99. | Eierlikör-Snickerdoodles | 255 |
| 100. | Schokoladen-Snickerdoodles | 258 |

## FAZIT ............................................................................................. 261

# EINLEITUNG

Das Wort Keks bezieht sich auf "kleine Kuchen", abgeleitet vom niederländischen Wort "koekje" oder "koekie". Kekse enthalten viele der gleichen Zutaten wie Kuchen, außer dass sie einen geringeren Anteil an Flüssigkeit mit einem höheren Anteil an Zucker und Fett zu Mehl haben.

Keksrezepte können in unzähligen Formen, Geschmacksrichtungen und Texturen zubereitet und dekoriert werden. Jedes Land scheint seinen Favoriten zu haben: In Nordamerika ist es der Chocolate Chip; im Vereinigten Königreich ist es Shortbread; in Frankreich sind es Zobel und Makronen; und seine Biscotti in Italien.

Keksrezepte werden normalerweise nach der Fließfähigkeit ihres Teigs oder Teigs kategorisiert und bestimmen, wie sie geformt werden - Riegel, Dropped, Icebox / Kühlschrank, geformt, gepresst oder gerollt. Darüber hinaus sind einige Cookie-Typen Untertypen anderer. Die Art des zuzubereitenden Keksrezepts bestimmt ihre Mischmethode, aber für die meisten wird die herkömmliche Kuchen- oder Crememethode verwendet. Kekse können gebacken oder als No-Bake bezeichnet werden, wo sie aus verzehrfertigen Cerealien wie Rice Krispies Treats, Haferflocken, Nüssen, Trockenfrüchten oder Kokosnuss hergestellt und mit einem gekochten Sirup oder einer erhitzten Zuckerbasis zusammengehalten werden können wie geschmolzene Marshmallows und Butter.

# BUTTERKEKS-PLÄTZCHEN

# 1. Mandelgebäck

Ausbeute: 3 Dutzend

## Zutaten

- 1 Tasse Mehl, Allzweck
- ½ Tasse Maisstärke
- ½ Tasse Zucker, pulverisiert
- 1 Tasse Mandeln, fein gehackt
- ¾ Tasse Butter; erweicht

## Richtungen

a) Mehl, Maisstärke und Puderzucker mischen; Mandeln unterrühren. Butter hinzufügen; mit einem Holzlöffel verrühren, bis ein weicher Teig entsteht.

b) Teig zu kleinen Kugeln formen. Auf ungefettetes Backblech legen; Jede Kugel mit einer leicht bemehlten Gabel flach drücken. Bei 300 Grad 20 bis 25 Minuten backen oder bis die Ränder nur leicht gebräunt sind.

c) Kühlen Sie vor dem Lagern ab.

## 2. Butterkekse aus braunem Zucker

Ausbeute: 12 Portionen

**Zutaten**

- 1 Tasse ungesalzene Butter; Zimmertemperatur
- 1 Tasse Verpackter hellbrauner Zucker
- 2 Tassen Allzweckmehl
- ¼ Teelöffel Salz
- 1 Esslöffel Zucker
- 1 Teelöffel gemahlener Zimt

**Richtungen**

a) Backofen auf 325 Grad vorheizen. 22,9 cm Springform leicht mit Butter bestreichen. Mit dem elektrischen Mixer 1 Tasse Butter in einer größeren Schüssel schlagen, bis sie leicht und locker ist.

b) Braunen Zucker hinzufügen und gut schlagen. Mehl und Salz mit einem Gummispatel untermischen (nicht zu stark mischen). Teig in die vorbereitete Pfanne drücken. Kombinieren Sie Zucker und Zimt in einer kleinen Schüssel. Zimtzucker über den Teig streuen. Den Teig in 12 Keile schneiden, das Lineal als Führung verwenden und den Teig durchschneiden. Jeden Keil mehrmals mit einem Zahnstocher durchstechen.

c) Backen, bis das Shortbread braun, an den Rändern fest und in der Mitte etwas weich ist, etwa 1 Stunde. Shortbread vollständig in der Pfanne auf dem Rost abkühlen lassen. Topfseiten entfernen.

## 3. In Schokolade getauchte Macadamianuss-Shortbread-Kekse

Ausbeute: 36 Portionen

## Zutaten

- 1 Tasse Butter
- $\frac{3}{4}$ Tasse Puderzucker
- 1 Teelöffel Vanille
- 2 Tassen gesiebtes Mehl
- $\frac{3}{4}$ Tasse Gehackte Macadamianüsse
- 1 Tasse Milchschokoladenstückchen oder -
- 1 Tasse halbsüße Schokoladenstückchen
- $1\frac{1}{2}$ Teelöffel Gemüsefett

## Richtungen

a) In einer großen Rührschüssel Butter, Zucker und Vanille schaumig schlagen. Mehl nach und nach einrühren, bis alles gut vermischt ist. Macadamianüsse unterrühren.

b) Den Teig auf Wachspapier legen und zu einer Rolle mit einem Durchmesser von zwei Zoll formen.

c) In Papier und Folie einwickeln und mindestens zwei Stunden oder über Nacht kalt stellen.

d) Backofen auf 300 Grad vorheizen. Rolle in Scheiben schneiden ca. $\frac{1}{4}$ bis $\frac{1}{2}$ Zoll dick. Auf einem ungefetteten

Backblech 20 Minuten backen oder bis die Kekse anfangen zu bräunen. Aus dem Ofen nehmen; auf einem Kuchengitter abkühlen.

e) In der Zwischenzeit in einer kleinen Schüssel Schokoladenstückchen schmelzen (Mikrowelle funktioniert gut) und Backfett einrühren. Gut mischen. Tauchen Sie ein Ende jedes Kekses in die Schokoladenmischung und legen Sie es auf Wachspapier.

f) Kekse kühl stellen, bis die Schokolade aushärtet. Kühl lagern. Macht 2-3 Dutzend Kekse.

## 4. Kekse mit Früchten

Ausbeute: 36 Portionen

## Zutaten

- 2½ Tasse Mehl
- 1 Teelöffel Weinstein
- 1½ Tasse Puderzucker
- 1 9 Unze. box Nonesuch Hackfleisch
- 1 Teelöffel Vanille
- 1 Teelöffel Backpulver
- 1 Tasse Butter, weich
- 1 Ei

## Richtungen

a) Backofen auf 375F vorheizen. 2. Mehl, Natron und Weinstein mischen.

b) In einer großen Schüssel Butter und Zucker schaumig schlagen. Ei hinzufügen.

c) Vanille und zerbröckeltes Hackfleisch unterrühren.

d) Trockene Zutaten hinzufügen. Gut mischen, der Teig wird steif.

e) In 1¼-Zoll-Kugeln rollen. Auf ein ungefettetes Backblech legen und leicht flach drücken.

f) Backen Sie 10-12 Minuten oder bis leicht braun. Noch warm mit einer Glasur aus Puderzucker, Milch und Vanille überziehen.

## 5. Lavendel-Shortbread-Kekse

Ausbeute: 1 Charge

## Zutaten

- ½ Tasse ungesalzene Butter bei Raumtemperatur
- ½ Tasse Puderzucker ungesiebt
- 2 Teelöffel getrocknete Lavendelblüten
- 1 Teelöffel zerkleinerte getrocknete Blätter der grünen Minze
- ⅛ Teelöffel Zimt
- 1 Tasse ungesiebtes Mehl

## Richtungen

a) Heizen Sie den Ofen auf 325 F vor. Bereiten Sie eine quadratische 8-Zoll-Backform vor, indem Sie sie mit Aluminiumfolie auslegen und die Folie leicht mit einem Pflanzenölspray bestreichen.

b) Die Butter schaumig schlagen, bis sie hell und schaumig ist. Zucker, Lavendel, Minze und Zimt unterrühren. Das Mehl einarbeiten und mixen, bis die Masse krümelig ist. Kratzen Sie es in die vorbereitete Pfanne und verteilen Sie es, bis es eben ist, und drücken Sie es leicht an, um es gleichmäßig zu verdichten.

c) Backen Sie 25 bis 30 Minuten oder bis sie an den Rändern leicht golden sind.

d) Heben Sie sowohl die Folie als auch das Shortbread vorsichtig aus der Pfanne auf eine Schneidefläche. Schneiden Sie die Stangen mit einem gezackten Messer.

e) Zum vollständigen Abkühlen auf ein Kuchengitter geben. In einer fest verschlossenen Dose aufbewahren.

# 6. Mokka-Shortbread-Kekse

Ausbeute: 18 Portionen

## Zutaten

- 1 Teelöffel Nescafe Classic löslicher Kaffee
- 1 Teelöffel kochendes Wasser
- 1 Packung (12-oz) Nestle Toll House halbsüße Schokoladenstückchen; geteilt
- ¾ Tasse Butter; erweicht
- 1¼ Tasse gesiebter Puderzucker
- 1 Tasse Allzweckmehl
- ⅓ Teelöffel Salz

## Richtungen

a) Backofen auf 250 Grad vorheizen. In der Tasse Nescafe Classic Instantkaffee in kochendem Wasser auflösen; beiseite legen. Über heißem (nicht kochendem) Wasser schmelzen, 1 Tasse halbsüße Schokoladenstückchen von Nestle Toll House; glatt rühren.

b) Vom Herd nehmen; beiseite legen. Kombinieren Sie in einer großen Schüssel Butter, Puderzucker und Kaffee; glatt schlagen. Mehl und Salz nach und nach untermischen.

c) Geschmolzene Bissen unterrühren. Rollen Sie den Teig zwischen zwei Stücken Wachspapier auf eine Dicke von 3/16

Zoll aus. Oberes Blatt entfernen; Kekse mit 2-$\frac{1}{2}$-Zoll-Ausstecher ausstechen. Vom Wachspapier nehmen und auf ungefettete Backbleche legen. 25 Minuten bei 250 Grad backen. Auf Gitterrosten vollständig abkühlen lassen.

d) Über heißem (nicht kochendem) Wasser schmelzen, übrig bleiben 1 Tasse halbsüße Schokoladenstückchen von Nestle Toll House; glatt rühren. Verteilen Sie einen leicht abgerundeten Teelöffel geschmolzene Schokolade auf der flachen Seite des Kekses; Top mit zweitem Cookie. Mit den restlichen Keksen wiederholen.

e) Bis zum Festwerden kalt stellen. 15 Minuten vor dem Servieren bei Zimmertemperatur stehen lassen. Macht ungefähr 1-$\frac{1}{2}$ Dutzend 2-$\frac{1}{2}$-Zoll-Kekse.

## 7. Erdnuss-Shortbread-Kekse

Ausbeute: 30 Portionen

## Zutaten

- 250 Milliliter Butter; Ungesalzen, Erweicht
- 60 Milliliter cremige Erdnussbutter
- 1 großes weißes Ei; Getrennt
- 5 Milliliter Vanilleextrakt
- 325 Milliliter Allzweckmehl
- 250 Milliliter altmodische Haferflocken
- 60 Milliliter Weizenkeim
- 250 ml gesalzene, trocken geröstete Erdnüsse; fein gehackt
- 250 Milliliter hellbrauner Zucker; fest verpackt

## Richtungen

a) In einer Rührschüssel mit elektrischem Mixer Butter, Erdnussbutter, Zucker cremig schlagen, dann Eigelb und Vanilleextrakt unterschlagen.

b) Fügen Sie Mehl, Hafer und Weizenkeime hinzu und schlagen Sie die Mischung, bis sie gerade vermischt sind. Verteilen Sie den Teig gleichmäßig in einer gebutterten Jelly Roll-Pfanne, 40 x 27 x 2,5 cm (15 -$\frac{1}{2}$ x 10-$\frac{1}{2}$ x 1 Zoll), glätten Sie die Oberseite, verteilen Sie das leicht geschlagene Eiweiß über dem Teig und streuen Sie dann die Erdnüsse gleichmäßig darüber .

c) Backen Sie die Mischung in der Mitte eines vorgeheizten 300 F (150 C) Ofens für 25 bis 30 Minuten oder bis die Oberseite goldbraun ist.

d) Übertragen Sie die Pfanne zum Abkühlen auf ein Kuchengitter. Während die Mischung noch HEISS ist, in kleine, gleichmäßige Quadrate schneiden und die Kekse in der Pfanne vollständig abkühlen lassen.

# 8. Gewürzte Shortbread-Kekse

Ausbeute: 30 Portionen

## Zutaten

- 1 Tasse Margarine, aufgeweicht
- ⅔ Tasse gesiebter Puderzucker
- ½ Teelöffel gemahlene Muskatnuss
- ½ Teelöffel gemahlener Zimt
- ½ Teelöffel gemahlener Ingwer
- 2 Tassen Allzweckmehl

## Richtungen

a) Sahnebutter; fügen Sie nach und nach Zucker hinzu und schlagen Sie bei mittlerer Geschwindigkeit eines elektrischen Mixers, bis er leicht und locker ist. Gewürze hinzufügen und gut schlagen.

b) Mehl einrühren. Teig wird steif sein. Formen Sie den Teig zu 1 1 $ Zoll großen Kugeln und legen Sie sie im Abstand von 2 Zoll auf leicht gefettete Backbleche. Drücken Sie die Kekse leicht mit einem bemehlten Keksstempel oder einer Gabel, um sie auf ¼ Zoll Dicke zu glätten. Backen Sie bei 325 für 15 bis 18 Minuten oder bis fertig. Auf Gitterrosten abkühlen lassen.

## 9. Pecan Spritzgebäck

Ausbeute: 2 Dutzend

## Zutaten

- $\frac{3}{4}$ Pfund Butter
- 1 Tasse Puderzucker
- 3 Tassen Mehl, gesiebt
- $\frac{1}{2}$ Teelöffel Salz
- $\frac{1}{2}$ Teelöffel Vanille
- $\frac{1}{4}$ Tasse Zucker
- $\frac{3}{4}$ Tasse Pekannüsse, fein gehackt

## Richtungen

a) Butter und Puderzucker schaumig schlagen.

b) Mehl und Salz zusammen sieben und zur Sahnemischung geben. Vanille hinzugeben und gründlich vermischen. Pekannüsse hinzufügen.

c) Teig zu einer Kugel formen, in Wachspapier wickeln und kühl stellen, bis er fest ist.

d) Den gekühlten Teig auf $\frac{1}{2}$ Zoll Dicke ausrollen. Mit einem Ausstecher Kekse ausstechen. Mit Kristallzucker bestreuen. Ausgeschnittene Kekse auf ein ungefettetes Backblech legen und vor dem Backen 45 Minuten lang in den Kühlschrank stellen.

e) Backofen auf 325F vorheizen. Backen Sie für 20 Minuten oder bis sie gerade anfangen, sich leicht zu färben; Kekse sollten überhaupt nicht braun werden. Auf dem Rost abkühlen.

## 10. Oregon-Haselnuss-Shortbread-Kekse

Ausbeute: 36 Kekse

## Zutaten
- 1 Tasse geröstete Oregon-Haselnüsse
- $\frac{3}{4}$ Tasse Butter; gekühlt
- $\frac{3}{4}$ Tasse Zucker
- $1\frac{1}{2}$ Tasse ungebleichtes Mehl

## Richtungen

a) Geröstete Haselnüsse in einer Küchenmaschine grob mahlen. Butter und Zucker zugeben und gründlich verarbeiten. Geben Sie die Mischung aus Nüssen, Butter und Zucker in die Rührschüssel und fügen Sie Mehl (jeweils $\frac{1}{2}$ Tasse) hinzu, wobei Sie jede Zugabe vollständig mischen. Kombinieren Sie die Mischung zu einer Kugel.

b) Machen Sie 1-$\frac{1}{2}$-Zoll-Kugeln und legen Sie sie mit einem Abstand von etwa $\frac{1}{2}$ Zoll auf ein Antihaft-Backblech.

c) Backen Sie bei 350 für 10-12 Minuten. Den restlichen Teig bis zum Backen kühl stellen.

# SCHOKOLADENKEKSE

## 11. Brezel und Karamellplätzchen

Macht etwa 2 Dutzend

## Zutaten

- 1 Päckchen Schokoladenkuchenmischung (normale Größe)
- 1/2 Tasse Butter, geschmolzen
- 2 große Eier, Raumtemperatur
- 1 Tasse zerbrochene Mini-Brezeln, geteilt
- 1 Tasse halbsüße Schokoladenstückchen
- 2 Esslöffel gesalzenes Karamell-Topping

## Richtungen

a) Backofen auf 350° vorheizen. Kombinieren Sie Kuchenmischung geschmolzene Butter und Eier; schlagen, bis gemischt. Rühren Sie 1/2 Tasse Brezeln, Schokoladenstückchen und Karamell-Topping ein.

b) Tropfen Sie es mit abgerundeten Esslöffeln im Abstand von 2 Zoll auf gefettete Backbleche. Mit dem Boden eines Glases leicht flach drücken; Drücken Sie die restlichen Brezeln auf die Oberseite von jedem. Backen Sie 8-10 Minuten oder bis Satz.

c) Kühlen Sie auf Pfannen für 2 Minuten ab. Zum vollständigen Abkühlen auf Gitterroste nehmen.

## 12. Keks aus Hanf-Rosskastanie

Ergibt 12 Portionen

## Zutaten

- 1 Päckchen Schokoladenkuchenmischung (normale Größe)
- 2 große Eier, Raumtemperatur
- 1/2 Tasse Olivenöl
- 1 Tasse halbsüße Schokoladenstückchen
- 1 Tasse cremige Erdnussbutter
- 1/2 Tasse Puderzucker

### Richtungen

- Backofen auf 350° vorheizen.
- Kombinieren Sie in einer großen Schüssel Kuchenmischung, Eier und Öl, bis sie vermischt sind. Schokoladenstückchen unterrühren. Drücken Sie die Hälfte des Teigs in einen 10-Zoll. gusseiserne oder andere ofenfeste Pfanne.
- Kombinieren Sie Erdnussbutter und Puderzucker; über den Teig in der Pfanne verteilen.
- Drücken Sie den restlichen Teig zwischen Pergamentblättern in eine 10-Zoll-Form. Kreis; Überfüllung platzieren.
- 20-25 Minuten backen, bis ein in der Mitte eingesetzter Zahnstocher mit feuchten Krümeln herauskommt.

## 13. Kuchen-Mix-Plätzchen

Ergibt: 54 Portionen

## Zutaten

- 1 Packung Deutscher Schokoladenkuchen-Mix; Pudding enthalten
- 1 Tasse halbsüße Schokoladenstückchen
- ½ Tasse Haferflocken
- ½ Tasse Rosinen
- ½ Tasse Olivenöl
- 2 Eier; leicht geschlagen

## Richtungen

a) Backofen auf 350 Grad erhitzen.

b) Kombinieren Sie in einer großen Schüssel alle Zutaten; gut vermischen. Lassen Sie den Teig mit runden Teelöffeln im Abstand von zwei Zoll auf ungefettete Backbleche fallen.

c) Backen Sie bei 350 Grad für 8-10 Minuten oder bis Satz. 1 Minute abkühlen; von Backblechen entfernen.

## 14. Devil-Crunch-Plätzchen

Ergibt: 60 PLÄTZCHEN

## Zutaten

- 1 18,25-Unzen-Schokoladenkuchenmischung
- ½ Tasse Olivenöl
- 2 Eier, leicht geschlagen
- ½ Tasse gehackte Pekannüsse
- 5 normale Milchschokoladentafeln, in Quadrate unterteilt
- ½ Tasse gesüßte Kokosflocken

## Richtungen

a) Ofen auf 350 ° F vorheizen.
b) Kuchenmischung, Öl und Eier in einer Schüssel vermischen und vollständig vermischen. Pekannüsse vorsichtig unter den Teig heben.
c) Teig löffelweise auf ungefettete Backbleche geben. 10 Minuten backen. Herausnehmen, wenn die Kekse fest, aber in der Mitte noch etwas weich sind.
d) Auf jeden Keks ein Quadrat Milchschokolade legen. Wenn es schmilzt, verteilen Sie es, um eine Schokoladenschicht auf der Oberseite des Kekses zu erzeugen.
e) Kekse sofort auf ein Gitter legen und vollständig abkühlen lassen.

## 15. Pekannuss-Kekse

Ergibt: 24 PLÄTZCHEN

**Zutaten**

- 1 Tasse Butter-Pekannuss-Kuchenmischung
- 1 Tasse Schokoladenkuchenmischung
- 2 Eier, leicht geschlagen
- ½ Tasse Olivenöl
- 2 Esslöffel Wasser

**Richtungen**
a) Ofen auf 350 ° F vorheizen.
b) Zutaten mischen und zu einem gleichmäßigen Teig verrühren.
c) Löffelweise auf ein ungefettetes Backblech geben. 15 Minuten backen oder bis sie goldbraun und fest sind.
d) Auf dem Backblech 5 Minuten abkühlen lassen. Zum vollständigen Abkühlen auf ein Kuchengitter legen.

16.     Schlagsahne-Brownies

Macht: 48 PLÄTZCHEN

## Zutaten

- 1 18-Unzen-Box Schokoladenkuchenmischung
- 1 Esslöffel Kakaopulver
- 1 Ei
- 1 Tasse Pekannüsse, gehackt
- ¼ Tasse Zucker
- 4 Unzen Schlagsahne

## Richtungen

a) Ofen auf 350 ° F vorheizen.
b) Backmischung, Kakaopulver und Ei mischen und gut verrühren. Pekannüsse vorsichtig unter den Teig heben.
c) Bestreichen Sie Ihre Hände mit Zucker und formen Sie den Teig zu kleinen Kugeln. Plätzchenbällchen mit Zucker bestreichen.
d) Auf das Backblech legen und 2 Zoll zwischen den Keksen lassen.
e) Backen Sie 12 Minuten oder bis Satz. Aus dem Ofen nehmen und zum Abkühlen auf ein Kuchengitter legen. Top mit Schlagsahne.

## 17. Kuchenmischung Sandwich-Plätzchen

Macht: 10

## Zutaten

- 1 18,25-Unzen-Schokoladenkuchenmischung
- 1 Ei, Zimmertemperatur
- ½ Tasse Butter
- 1 12-Unzen-Wannen-Vanille-Zuckerguss

## Richtungen

a) Ofen auf 350 ° F vorheizen.
b) Decken Sie ein Backblech mit einer Schicht Pergamentpapier ab. Beiseite legen.
c) Kombinieren Sie in einer großen Rührschüssel Kuchenmischung, Ei und Butter. Verwenden Sie einen elektrischen Mixer, um einen glatten, gleichmäßigen Teig herzustellen.
d) Keksteig zu 2,5 cm großen Kugeln rollen und auf ein Backblech legen. Jede Kugel mit einem Löffel flach drücken. 10 Minuten backen.
e) Lassen Sie die Kekse vollständig abkühlen, bevor Sie eine Schicht Glasur zwischen zwei Kekse legen.

## 18. Granola und Schokoladenkekse

Ergibt: 36 PLÄTZCHEN

## Zutaten

- 1 18,25-Unzen-Schokoladenkuchenmischung
- ¾ Tasse Butter, weich
- ½ Tasse verpackter brauner Zucker
- 2 Eier
- 1 Tasse Müsli
- 1 Tasse weiße Schokoladenstückchen
- 1 Tasse getrocknete Kirschen

## Richtungen
a) Ofen auf 375°F vorheizen.
b) In einer großen Schüssel Kuchenmischung, Butter, braunen Zucker und Eier mischen und schlagen, bis sich ein Teig bildet.
c) Müsli und weiße Schokoladenstückchen unterrühren. Teelöffelweise im Abstand von etwa 2 cm auf ungefettete Backbleche geben.
d) 10–12 Minuten backen oder bis die Kekse an den Rändern leicht goldbraun sind.
e) Auf Backblechen 3 Minuten abkühlen lassen, dann auf den Rost legen.

## 20. Deutsche Plätzchen

Ergibt: 4 Dutzend Kekse

## Zutaten

- 1 18,25-Unzen-Box Deutsche Schokoladenkuchenmischung
- 1 Tasse halbsüße Schokoladenstückchen
- 1 Tasse Haferflocken
- ½ Tasse Olivenöl
- 2 Eier, leicht geschlagen
- ½ Tasse Rosinen
- 1 Teelöffel Vanille

## Richtungen
a) Ofen auf 350 ° F vorheizen.
b) Kombinieren Sie alle Zutaten. Mischen Sie gut mit einem elektrischen Mixer, der auf niedrige Geschwindigkeit eingestellt ist. Wenn sich mehlige Krümel entwickeln, fügen Sie einen Tropfen Wasser hinzu.
c) Teig löffelweise auf ein ungefettetes Backblech geben.
d) 10 Minuten backen.
e) Kühlen Sie sie vollständig ab, bevor Sie die Kekse vom Blech auf eine Servierplatte heben.

## 21.     Anis-Kekse

Portionen: 36

**Zutaten:**

- 1 Tasse Zucker
- 1 Tasse Butter
- 3 Tassen Mehl
- ½ Tasse Milch
- 2 geschlagene Eier
- 1 Esslöffel Backpulver
- 1 Esslöffel Mandelextrakt
- 2 Teelöffel Anislikör
- 1 Tasse Puderzucker

**Richtungen:**

a) Ofen auf 375 Grad Fahrenheit vorheizen.

b) Zucker und Butter schaumig schlagen.

c) Mehl, Milch, Eier, Backpulver und Mandelextrakt nach und nach einarbeiten.

d) Den Teig kneten, bis er klebrig wird.

e) Aus 2,5 cm langen Teigstücken kleine Kugeln formen.

f) Heizen Sie den Ofen auf 350 ° F vor und fetten Sie ein Backblech ein. Die Kugeln auf das Backblech legen.

g) Ofen auf 350°F vorheizen und die Kekse 8 Minuten backen.

h) Anislikör, Puderzucker und 2 EL heißes Wasser in einer Rührschüssel verrühren.

i) Zum Schluss die Kekse noch warm in die Glasur tauchen.

## 22. Süße grüne Kekse

**Zutaten:**

- 165 g grüne Erbsen.
- 80 g gehackte Medjool-Datteln.
- 60 g Seidentofu, püriert.
- 100 g Mandelmehl.
- 1 Teelöffel Backpulver.
- 12 Mandeln.

**Richtungen:**

a) Backofen auf 180° C vorheizen.

b) Kombinieren Sie Erbsen und Datteln in einer Küchenmaschine.

c) Verarbeiten, bis eine dicke Paste entsteht.

d) Die Erbsenmischung in eine Schüssel umfüllen. Tofu, Mandelmehl und Backpulver unterrühren. Aus der Masse 12 Kugeln formen.

e) Kugeln auf ein mit Backpapier ausgelegtes Backblech legen. Jede Kugel mit geölter Handfläche flach drücken.

f) In jeden Keks eine Mandel stecken. Backen Sie die Kekse für 25-30 Minuten oder bis sie leicht golden sind.

g) Vor dem Servieren auf einem Kuchengitter abkühlen lassen.

## 23.   Kekse mit Schokoladenstückchen

**Zutaten:**

- 2 Tassen glutenfreies Allzweckmehl.
- 1 Teelöffel Backpulver.
- 1 Teelöffel Meersalz.
- 1/4 Tasse veganer Joghurt.
- 7 Esslöffel vegane Butter.
- 3 Esslöffel Cashewmus
- 1 1/4 Tasse Kokosnusszucker.
- 2 Chia-Eier.
- Dunkler Schokoriegel, Portionen einbrechen.

**Richtungen:**

a) Ofen auf 375° F vorheizen

b) In einer mittelgroßen Rührschüssel glutenfreies Mehl, Salz und Backpulver mischen. Beiseite stellen, während Sie die Butter schmelzen.

c) Butter, Joghurt, Cashewmus, Kokosnusszucker in eine Schüssel geben und mit einem Rührstab oder Handmixer einige Minuten lang mixen, bis alles gut vermischt ist.

d) Fügen Sie die Chia-Eier hinzu und mischen Sie alles gut.

e) Fügen Sie die Mehl-Chia-Ei-Mischung hinzu und mischen Sie sie auf niedriger Stufe, bis sie integriert sind.

f) Schokoladenstücke unterheben.

g) Den Teig für 30 Minuten in den Kühlschrank stellen, damit er fest wird.

h) Nehmen Sie den Teig aus dem Kühlschrank und lassen Sie ihn etwa 10 Minuten lang auf Raumtemperatur kommen, und legen Sie ein Backblech mit Pergamentpapier aus.

i) Mit den Händen 1 1/2 Esslöffel Keksteig auf das Pergamentpapier geben. Zwischen jedem Plätzchen etwas Platz lassen.

j) Kekse 9-11 Minuten backen. Erfreut an!

# BISKOTTI

## 24. Brownie Biscotti

## Zutaten

- 1/3 Tasse Butter, weich
- 2/3 Tasse weißer Zucker
- 2 Eier
- 1 Teelöffel Vanilleextrakt
- 13/4 Tassen Allzweckmehl
- 1/3 Tasse ungesüßtes Kakaopulver
- 2 Teelöffel Backpulver
- 1/2 Tasse halbsüße Miniatur-Schokoladenstückchen
- 1/4 Tasse gehackte Walnüsse
- 1 Eigelb, geschlagen
- 1 Esslöffel Wasser

## Richtungen

a) Backofen auf 190 °C vorheizen. Backbleche fetten oder mit Backpapier auslegen.

b) In einer großen Schüssel Butter und Zucker schaumig schlagen. Die Eier einzeln unterschlagen, dann die Vanille unterrühren. Mehl, Kakao und Backpulver mischen; in die cremige Mischung einrühren, bis alles gut vermischt ist. Der Teig wird steif, also das letzte Stück von Hand untermischen. Schokoladenstückchen und Walnüsse untermischen.

c) Teig in zwei gleiche Teile teilen. Zu 9x2x1-Zoll-Laiben formen. Im Abstand von 4 cm auf das Backblech legen. Mit Wasser-Eigelb-Mischung bestreichen.

d) 20 bis 25 Minuten im vorgeheizten Ofen backen oder bis sie fest sind. 30 Minuten auf dem Backblech abkühlen lassen.

e) Mit einem gezackten Messer die Laibe diagonal in 1-Zoll-Scheiben schneiden. Legen Sie die Scheiben wieder auf das Backblech und legen Sie sie auf ihre Seiten. 10 bis 15 Minuten auf jeder Seite backen oder bis sie trocken sind. Vollständig abkühlen lassen und in einem luftdichten Behälter aufbewahren.

## 25.     Mandelgebäck

Ausbeute: 42 Portionen

## Zutaten

- ½ Tasse Butter oder Margarine, weich gemacht
- 1¼ Tasse Zucker
- 3 Eier
- 1 Teelöffel Vanilleextrakt oder Anisaroma
- 2 Tassen Allzweckmehl
- 2 Teelöffel Backpulver
- 1 Prise Salz
- ½ Tasse Mandeln, gehackt
- 2 Teelöffel Milch

### Richtungen

a) In einer Rührschüssel Butter und 1 Tasse Zucker cremig schlagen. Fügen Sie die Eier hinzu und schlagen Sie nach jeder Zugabe eins nach dem anderen gut durch. Anis oder Vanille unterrühren.

b) Kombinieren Sie trockene Zutaten; fügen Sie Rahmmischung hinzu. Mandeln unterrühren.

c) Ein Backblech mit Folie auslegen und Folie einfetten. Teig halbieren; verteilen Sie sich in zwei 12x3 in Rechtecken auf Folie. Mit Milch bestreichen und mit restlichem Zucker bestreuen. Backen bei 375 Grad. für 15 bis 20 min. oder bis sie goldbraun sind und sich fest anfühlen. Aus dem Ofen nehmen und Hitze auf 300 Grad reduzieren. Rechtecke mit Folie auf den Rost heben; 15 min abkühlen. Auf ein Schneidebrett legen; diagonal ½ Zoll dick schneiden. Legen Sie die Scheibe mit der Schnittfläche nach unten oder ungefettete Backbleche. 10 Minuten backen.

d) Kekse umdrehen; 10min backen. mehr. Ofen ausschalten und Kekse im Ofen lassen; mit offener Tür zum Abkühlen. In einem luftdichten Behälter aufbewahren.

## 26. Anis-Biscotti

Ausbeute: 1 Portionen

## Zutaten

- 2 Tassen + 2 Esslöffel Mehl
- ¾ Tasse Zucker
- 1 Esslöffel Anissamen, zerkleinert
- 1 Teelöffel Backpulver
- ½ Teelöffel Backpulver
- ¼ Teelöffel Salz
- 3 Ei-Äquivalente
- 2 Esslöffel geriebene frische Zitronenschale (bzw
- 1 Esslöffel trocken)
- 1 Esslöffel frischer Zitronensaft

## Richtungen

a) Ofen auf 325 Grad F vorheizen. Backblech mit Antihaftspray oder Pergament bestreichen. In einer mittelgroßen Schüssel Mehl, Zucker, Anissamen, Backpulver, Natron und Salz mischen. Ei-Äquivalente, Zitronenschale und Zitronensaft verquirlen und zu den trockenen Zutaten geben. Gut mischen.

b) Auf einer bemehlten Oberfläche den Teig in zwei Rollen formen, die jeweils etwa 14 Zoll lang und 1-½ Zoll dick sind. Legen Sie die Scheite auf das vorbereitete Backblech, mindestens 4 Zoll voneinander entfernt (der Teig breitet sich während des Backens aus). 20 bis 25 Minuten backen, bis sie sich fest anfühlen.

c) Legen Sie die Holzscheite zum Abkühlen in das Gestell. Reduzieren Sie die Ofentemperatur auf 300 Grad F. Schneiden Sie die Stämme mit einem gezackten Messer und einer sanften Sägebewegung diagonal in $\frac{1}{2}$ Zoll dicke Scheiben. Legen Sie die Scheiben mit der Seite auf das Backblech und kehren Sie in den Ofen zurück.

d) 40 Minuten backen. Aus dem Ofen nehmen und vor dem Aufbewahren vollständig abkühlen. Biscotti werden beim Abkühlen knusprig. In einem luftdichten Behälter bis zu einem Monat aufbewahren.

e) Ergibt etwa 4 Dutzend Kekse.

## 27.   Anis-Zitronen-Biscotti

Ausbeute: 1 Portionen

## Zutaten

- 2 Tassen ungebleichtes Weißmehl
- 1 Teelöffel Backpulver
- ¼ Teelöffel Salz
- 1 Tasse Zucker
- 2 ganze Eier
- 1 Eiweiß
- 2 Esslöffel frisch geriebene Zitronenschale
- 1 Esslöffel gemahlene Anissamen

## Richtungen

a) Ofen auf 350 Grad vorheizen. Bereiten Sie ein Backblech mit Kochspray oder einer sehr leichten Ölschicht vor. In einer großen Rührschüssel Mehl, Maismehl, Backpulver und Salz vermischen. Die Eier leicht schlagen und zur Mehlmischung geben.

b) Ahornsirup, Vanille und Walnüsse unterrühren, nur bis der Teig glatt ist. Mit einem Gummispatel und bemehlten Händen die Hälfte des Teigs aus der Schüssel auf eine Seite des Backblechs schöpfen. Formen Sie den Teig zu einer 15 Zoll langen Stange.

c) Mit dem restlichen Teig eine zweite Stange auf der anderen Seite des Backblechs formen. Platzieren Sie die Stämme mindestens 6 Zoll auseinander. Backen Sie für 25-30 Minuten, bis die Oberseite jedes Biscotti-Stammes fest ist.

d) Entfernen Sie sie mit einem langen Spatel auf ein Gitter und kühlen Sie sie 10-15 Minuten lang ab. Schneiden Sie jeden Stamm auf einer strengen Diagonale in etwa $20\frac{1}{2}$ "dicke Scheiben und legen Sie sie mit der Schnittseite nach unten auf das Backblech. Reduzieren Sie die Ofentemperatur auf 350 Grad und backen Sie sie 15 Minuten lang.

e) Heiß aus dem Ofen sind die Kekse in der Mitte vielleicht etwas weich, aber sie werden hart, wenn sie abkühlen.

f) Lassen Sie sie vollständig abkühlen. In einer Dose oder einem anderen dicht verschlossenen Behälter aufbewahrt, halten sie sich mindestens ein paar Wochen.

## 28. Kirschkekse

Ausbeute: 24 Kekse

## Zutaten

- 2 Tassen Allzweckmehl
- 1 Tasse Zucker
- $\frac{1}{2}$ Teelöffel Backpulver
- $\frac{1}{2}$ Teelöffel Salz
- $\frac{1}{4}$ Tasse Butter; in kleine Stücke schneiden
- 1 Tasse ganze Mandeln; grob hacken
- 1 Tasse ganze kandierte Kirschen
- 2 große Eier; leicht geschlagen
- $\frac{1}{2}$ Teelöffel Vanille
- 1 Esslöffel Milch (optional)

## Richtungen

a) Ofen vorheizen auf 350 Grad. Großes Backblech einfetten.

b) Mehl, Zucker, Backpulver und Salz in einer Schüssel mischen. Butter mit dem Teigmixer zerkleinern, bis sich grobe Krümel bilden. Mandeln und Kirschen unterrühren. Rühren Sie Eier und Vanille ein, bis alles gut vermischt ist. Wenn die Mischung krümelig trocken ist, fügen Sie Milch hinzu.

c) Teilen Sie die Mischung in zwei Hälften.

d) Auf einer leicht bemehlten Oberfläche mit bemehlten Händen den Teig zusammendrücken und zu zwei 10-Zoll-Klötzchen formen. Auf 2-$\frac{1}{2}$ Zoll Breite flach drücken. Die Stangen auf das vorbereitete Backblech legen.

e) Backen Sie in 350-Grad-Ofen für 30 bis 35 Minuten. Mit zwei Pfannenwendern die Holzstücke zum Abkühlen für 20 Minuten auf den Rost legen.

f) Schneiden Sie mit einem gezackten Messer jeden Stamm diagonal in $\frac{3}{4}$ Zoll dicke Scheiben.

g) Zurück zum Backblech. 15 Minuten backen oder bis die Kekse knusprig sind und sich fest anfühlen. Zum Abkühlen auf ein Kuchengitter geben. In luftdichten Behältern bis zu 2 Wochen lagern.

## 29. Haselnuss- und Aprikosenbiscotti

Ausbeute: 1 Portionen

## Zutaten

- 4 Tassen Mehl
- 2½ Tasse Zucker
- 1 Teelöffel Backpulver
- ½ Teelöffel Salz
- 6 Eier
- 2 Eigelb
- 1 Esslöffel Vanilleextrakt
- 1 Tasse Haselnüsse, geröstet, geschält,
- Gehackt
- 1½ Tasse Fein gewürfelte getrocknete Aprikosen
- 2 Esslöffel Wasser

## Richtungen

a) Backofen auf 350F vorheizen.

b) In der Zwischenzeit Mehl, Zucker, Backpulver und Salz in eine große Schüssel sieben. In einer anderen Schüssel 5 der Eier, 2 Eigelb und Vanille verquirlen. Die geschlagenen Eier mit der Mehlmischung verrühren und die Haselnüsse und Aprikosen hinzufügen.

c) Kneten Sie den Teig auf einem leicht bemehlten Brett 5-7 Minuten lang oder bis er gleichmäßig vermischt ist. Wenn der Teig zu bröselig ist, um zusammenzuhalten, fügen Sie ein wenig Wasser hinzu. Teilen Sie den Teig in 4 Teile und rollen Sie diese jeweils zu einem Zylinder mit einem Durchmesser von 2 Zoll aus.

d) Legen Sie 2 Zylinder im Abstand von 3 Zoll auf jeweils 2 gut gefettete Backbleche und drücken Sie sie leicht flach. Das restliche Ei mit dem Wasser verschlagen und jeden Zylinder mit der Mischung bepinseln. Im vorgeheizten Ofen 35 Minuten backen oder bis es fest ist.

e) Aus dem Ofen nehmen und die Hitze auf 325F reduzieren. Die Biscotti diagonal in $\frac{3}{4}$ Zoll dicke Scheiben schneiden. Verteilen Sie die Scheiben auf den Backblechen und kehren Sie für 10 Minuten in den Ofen zurück oder bis sie gerade anfangen zu färben. Abkühlen lassen und in einem luftdichten Glas aufbewahren.

## 30. Zitronen-Rosmarin-Biscotti

Ausbeute: 30 Portionen

## Zutaten

- ½ Tasse Mandeln; ganz geröstet
- ⅓ Tasse Butter; Süss
- ¾ Tasse Zucker; granuliert
- 2 Eier; groß
- 1 Teelöffel Vanilleextrakt
- 3 Teelöffel Zitronenschale
- 2¼ Tasse Allzweckmehl
- 1½ Teelöffel frischer Rosmarin; fein gehackt
- ¼ Teelöffel Salz

## Richtungen

a) Butter und Zucker zusammen schaumig schlagen. Eier, Vanille, Zitronenschale, Rosmarin, Salz und Backpulver hinzufügen. Fügen Sie Mehl eine Tasse nach der anderen hinzu.

b) In 2 Brote klopfen, die ungefähr 1 Zoll hoch und 2 Zoll breit sind. Backen Sie bei 325'F für 25 Minuten oder bis sie goldbraun sind.

c) Aus dem Ofen nehmen und die Backform auf ein Schneidebrett schieben. Laibe in ½ Zoll dicke Scheiben schneiden und auf der Seite liegend wieder auf die Backform legen.

d) Bringen Sie die Backform wieder in den Ofen und backen Sie weitere 10 Minuten oder bis sie knusprig sind.

# ZUCKERKEKSE

## 31. Mandel-Zucker-Kekse

Ausbeute: 32 Kekse

## Zutaten

- 5 Esslöffel Margarine (75 g)
- 1½ Esslöffel Fruktose
- 1 Esslöffel Eiweiß
- ¼ Teelöffel Mandel-, Vanille- oder Zitronenextrakt
- 1 Tasse ungebleichtes Mehl
- ⅛ Teelöffel Backpulver
- 1 Prise Weinstein
- 32 Mandelscheiben

## Richtungen

a) Ofen auf 350F (180C) vorheizen. In einer mittelgroßen Schüssel Margarine und Fruktose mischen und schlagen, bis sie leicht und locker sind. Eiweiß und Mandelextrakt untermischen. Mehl, Natron und Weinstein nach und nach einrühren; gut mischen. Zu 1,5 cm großen Kugeln formen. Auf ein Antihaft-Backblech legen.

b) Tauchen Sie ein Glas mit flachem Boden in Mehl und drücken Sie auf jede Kugel, um den Keks zu glätten. Jeden Keks mit einer Mandelscheibe belegen. 8 bis 10 Minuten backen, bis sie leicht gebräunt sind. Zum Abkühlen auf Pergament- oder Wachspapier übertragen.

## 32. Zuckerkekse

Ergibt: 48 PLÄTZCHEN

## Zutaten

- 1 18,25-Unzen-Backmischung mit weißer Schokolade
- $\frac{3}{4}$ Tasse Butter
- 2 Eiweiß
- 2 Esslöffel helle Sahne

## Richtungen

a) Kuchenmischung in eine große Schüssel geben. Mit einem Teigmixer oder zwei Gabeln Butter hineinschneiden, bis die Partikel fein sind.
b) Eiweiß und Sahne unterrühren, bis alles vermischt ist. Teig zu einer Kugel formen und abdecken.
c) Kühlen Sie für mindestens zwei Stunden und bis zu 8 Stunden im Kühlschrank.
d) Ofen auf 375°F vorheizen.
e) Den Teig zu 2,5 cm großen Kugeln rollen und auf ungefettete Backbleche legen. Mit dem Boden eines Glases auf $\frac{1}{4}$ Zoll Dicke flach drücken.
f) 7-10 Minuten backen oder bis die Plätzchenränder hellbraun sind.
g) Auf Backblechen 2 Minuten abkühlen lassen, dann zum vollständigen Abkühlen auf Gitterroste nehmen.

# 33. Zuckerplätzchen mit Buttercreme-Zuckerguss

ERGEBNIS: 5 DUTZEND

**Zutaten**

**Plätzchen:**

- 1 Tasse Butter
- 1 Tasse weißer Zucker
- 2 Eier
- 1/2 Teelöffel Vanilleextrakt
- 31/4 Tassen Allzweckmehl
- 1/2 Teelöffel Backpulver
- 1/2 Teelöffel Natron
- 1/2 Teelöffel Salz

**Buttercreme Zuckerguss:**

- 1/2 Tasse Verkürzung
- 1 Pfund Puderzucker
- 5 Esslöffel Wasser
- 1/4 Teelöffel Salz
- 1/2 Teelöffel Vanilleextrakt
- 1/4 Teelöffel Extrakt mit Buttergeschmack

**Richtungen**

a) Mischen Sie in einer großen Schüssel Butter, Zucker, Eier und Vanille mit einem elektrischen Mixer, bis sie leicht und locker sind. Mehl, Backpulver, Natron und Salz mischen;

Mehlmischung mit einem stabilen Löffel nach und nach in die Buttermischung einrühren, bis alles gut vermischt ist. Teig 2 Stunden kalt stellen.

b) Backofen auf 200 °C vorheizen. Rollen Sie den Teig auf einer leicht bemehlten Oberfläche auf 1/4-Zoll-Dicke aus. Mit Ausstechformen in gewünschte Formen schneiden. Legen Sie Kekse im Abstand von 2 Zoll auf ungefettete Backbleche.

c) 4 bis 6 Minuten im vorgeheizten Ofen backen. Kekse aus der Pfanne nehmen und auf Gitterrosten abkühlen.

d) Backfett, Puderzucker, Wasser, Salz, Vanilleextrakt und Butteraroma mit einem elektrischen Mixer schaumig schlagen. Frost Kekse, nachdem sie vollständig abgekühlt sind.

## 34. Mandel-Brickle-Zucker-Kekse

Ausbeute: 1 Portionen

## Zutaten

- $2\frac{1}{4}$ Tasse Allzweckmehl
- 1 Tasse Zucker
- 1 Tasse Butter
- 1 Ei
- 1 Teelöffel Backpulver
- 1 Teelöffel Vanille
- 6 Unzen Mandel-Brickle-Bits

## Richtungen

a) Backofen auf 350F vorheizen. Backbleche einfetten. In einer großen Rührschüssel Mehl, Zucker, Butter, Ei, Natron und Vanille mischen. Bei mittlerer Geschwindigkeit schlagen, die Schüssel oft auskratzen, bis alles gut vermischt ist, 2 bis 3 Minuten. Mandelbröckchen unterrühren.

b) Runden Teelöffel Teig zu 2,5 cm großen Kugeln formen. Legen Sie 2 Zoll voneinander entfernt auf vorbereitete Backbleche. Kekse auf $\frac{1}{4}$ Zoll Dicke flach drücken, mit dem Boden eines in Zucker getauchten Butterglases.

c) Backen Sie 8 bis 11 Minuten oder bis die Ränder sehr leicht gebräunt sind. Sofort entfernen.

## 35. Amische Zuckerkekse

Ausbeute: 24 Portionen

## Zutaten

- ½ Tasse) Zucker;
- ⅓ Tasse Puderzucker;
- ¼ Tasse Margarine; (1/2 Stick)
- ⅓ Tasse Pflanzenöl
- 1 Ei; (groß)
- 1 Teelöffel Vanille
- 1 Teelöffel Zitronen- oder Mandelaroma
- 2 Esslöffel Wasser
- 2¼ Tasse Allzweckmehl
- ½ Teelöffel Backpulver
- ½ Teelöffel Weinstein;
- ½ Teelöffel Salz

## Richtungen

a) Zucker, Margarine und Öl in eine Rührschüssel geben und bei mittlerer Stufe cremig mixen. Fügen Sie Ei, Vanille, Aroma und Wasser hinzu und mischen Sie 30 Sekunden lang bei mittlerer Geschwindigkeit, wobei Sie die Schüssel vor und nach dem Hinzufügen dieser Zutaten abkratzen.

b) Rühren Sie die restlichen Zutaten zusammen, um sie gut zu vermischen; zu der cremigen Mischung hinzufügen und bei mittlerer Geschwindigkeit mischen. Teig zu 24 Kugeln formen, wobei 1 Esslöffel Teig pro Kugel verwendet wird.

c) Kugeln auf Backbleche legen, die mit Pfannenspray eingesprüht oder mit Alufolie ausgelegt wurden. Drücken Sie die Kugeln mit der Rückseite eines in Wasser getauchten Esslöffels gleichmäßig auf $\frac{1}{2}$ ' nach unten.

d) Backen Sie bei 375 für 12 bis 14 Minuten oder bis Kekse auf der Unterseite gebräunt und an den Rändern leicht gebräunt sind. Kekse auf ein Gitter legen und auf Raumtemperatur abkühlen.

## 36. Grundlegende Schmalz-Zucker-Kekse

Ausbeute: 1 Portionen

## Zutaten

- ¾ Tasse Schmalz
- ¾ Tasse Verpackter brauner Zucker
- Je 1 Ei
- 1 Teelöffel Vanille
- 1 Teelöffel Backpulver

2 Tassen Mehl

## Richtungen

a) Schlagen Sie das Schmalz, den Zucker und das Ei zusammen, bis es cremig und gut vermischt ist.

b) Vanille unterrühren, Backpulver und Mehl dazugeben, bis ein Teig entsteht.

c) Den Teig zu Kugeln mit einem Durchmesser von etwa 1 Zoll formen und auf ein Backblech legen.

d) Die Kugeln mit den Fingern leicht flachdrücken, sodass ein runder Keks entsteht. (Für Zuckerplätzchen die Oberseite mit etwas Zucker bestreuen.) In einem vorgeheizten 350-Ofen backen, bis die Ränder schön braun sind.

e) Herausnehmen und abkühlen lassen.

# 37. Zimt-Zucker-Kekse

Ausbeute: 48 Portionen

**Zutaten**
- 2½ Tasse Mehl
- ½ Tasse Butter
- 2½ Teelöffel Backpulver
- ¾ Tasse Zucker
- ¼ Teelöffel Salz
- 1 Ei; geschlagen
- ⅛ Teelöffel Zimt
- ½ Tasse Buttermilch
- Zuckermischung
- ½ Tasse) Zucker
- 1 Teelöffel Zimt

**Richtungen**

a) Mehl mit Backpulver, Salz und ⅛ TL Zimt mischen. In einer anderen Schüssel Sahnefett und Zucker schaumig schlagen. Ei hinzufügen und gut schlagen.

b) Rühren Sie ⅓ des Mehls ein, fügen Sie dann Milch und das restliche Mehl hinzu und mischen Sie zwischen jeder Zugabe. Fügen Sie kein Mehl hinzu, es wird ein weicher Teig, der nach dem Abkühlen nicht klebrig ist.

c) Kühlen Sie den Teig für ein paar Stunden im Kühlschrank, bis er vollständig gekühlt ist. Nehmen Sie einen Esslöffel Teig und formen Sie ihn vorsichtig zu Kugeln.

d) Die Teigkugeln in der Zimt-Zucker-Mischung rollen und dann flach drücken und auf ein gefettetes Backblech legen und bei 375 Grad etwa 12 Minuten backen.

# 38. Gebrochene Zuckerkekse

Ausbeute: 48 Portionen

## Zutaten
- 1¼ Tasse Zucker
- 1 Tasse Butter, weich
- 3 Große Eigelb, geschlagen
- 1 Teelöffel Vanilleextrakt
- 2½ Tasse gesiebtes Allzweckmehl
- 1 Teelöffel Backpulver
- ½ Teelöffel Weinstein

## Richtungen

a) Ofen vorheizen auf 350 Grad. Zwei Backbleche leicht einfetten. Zucker und Butter schaumig schlagen, bis sie hell sind. Eigelb und Vanille unterschlagen.

b) Sieben Sie das abgemessene gesiebte Mehl, das Backpulver und den Weinstein zusammen und heben Sie es dann unter die Butter-Zucker-Mischung.

c) Teig zu walnussgroßen Kugeln formen. Legen Sie 2 Zoll auseinander auf die Backbleche. Nicht flachdrücken.

d) Etwa 11 Minuten backen, bis die Oberseiten Risse bekommen und sich gerade verfärben. Auf einem Kuchengitter abkühlen. Macht 4 Dutzend.

# 39. Kekse aus Pekannusszucker

Ausbeute: 1 Portionen

**Zutaten**
- 1¼ Tasse Zucker, hellbraunes Wasser
- 3 Esslöffel Honig
- 1 Ei
- 2⅓ Tasse Mehl
- 1 Tasse Pekannüsse, grob gemahlen
- 2½ Esslöffel Zimt
- 1 Esslöffel Backpulver
- 1 Esslöffel Piment

**Richtungen**

a) Kombinieren Sie in einer Rührschüssel braunen Zucker, Wasser, Honig und Ei. Etwa 10 Sekunden mit dem Mixer schlagen.

b) In einer separaten Schüssel Mehl, Pekannüsse, Zimt, Piment und Backpulver, Backpulver gut vermischen.

c) Zu den feuchten Zutaten geben und umrühren. Teig teelöffelweise auf ein gefettetes Backblech geben. Backen Sie bei 375 Grad für 12 Minuten.

d) Ergibt ungefähr 3 Dutzend Kekse. Vor dem Aufbewahren gut abkühlen lassen.

# 40. Zuckerplätzchen würzen

Ausbeute: 40 Kekse

## Zutaten
- $\frac{3}{4}$ Tasse Gemüsefett bei Raumtemperatur
- 1 Tasse Fest gepackter hellbrauner Zucker
- 1 großes Ei, leicht geschlagen
- $\frac{1}{4}$ Tasse ungeschwefelte Melasse
- 2 Tassen Allzweckmehl
- 2 Teelöffel Backpulver
- 1 Teelöffel Zimt
- 1 Teelöffel gemahlener Ingwer
- $\frac{1}{2}$ Teelöffel gemahlene Nelken
- $\frac{1}{4}$ Teelöffel Salz
- Kristallzucker zum Dippen der Teigkugeln.

## Richtungen

a) In einer Schüssel das Backfett mit dem braunen Zucker cremig schlagen, bis die Masse leicht und schaumig ist, und das Ei und die Melasse unterrühren. Mehl, Natron, Zimt, Ingwer, Nelken und Salz in eine andere Schüssel sieben, die Mehlmischung portionsweise zur Backfettmischung geben und den Teig gut verkneten. Den Teig zugedeckt 1 Stunde kühl stellen.

b) Rollen Sie ebene Esslöffel des Teigs zu Kugeln, tauchen Sie eine Seite jeder Kugel in den Kristallzucker und legen Sie die Kugeln mit der gezuckerten Seite nach oben im Abstand von etwa 3 Zoll auf gefettete Backbleche. Backen Sie die Kekse in Chargen in der Mitte eines vorgeheizten 375-Grad-F-Ofens für 10 bis 12 Minuten oder bis sie aufgeblasen und oben aufgebrochen sind. Übertragen Sie die Kekse mit einem Metallspatel auf Gestelle und lassen Sie sie abkühlen. Ergibt etwa 40 Kekse.

# 41. Plätzchen aus Pistazienzucker

Ausbeute: 1 Portionen

## Zutaten
- ½ Tasse Butter
- 1 Tasse Zucker
- 1 großes Ei
- 1 Teelöffel Vanille
- 1¼ Tasse gesiebtes Mehl
- 1 Teelöffel Backpulver
- ¼ Teelöffel Salz
- ⅓ Tasse Fein gehackte Pistazien

## Richtungen

a) In einer großen Schüssel Butter und Zucker schaumig schlagen, bis sie weich und luftig sind; Ei und Vanille unterschlagen. Mehl, Backpulver und Salz mischen; zur cremigen Masse geben und gut verrühren. Teig gründlich kühlen.

b) Ofen auf 375ø vorheizen. Den Teig auf einem leicht bemehlten Brett 1/2 cm dick ausrollen. Mit Ausstechformen ausstechen und auf ungefetteten Backblechen anrichten. Gehackte Pistazien darüber streuen; leicht andrücken.

c) Bei 375° ca. 5 Minuten backen oder bis die Ränder anfangen zu bräunen.

d) Zum Abkühlen auf Gitterroste heben.

# KÄSEPLÄTZCHEN

## 42. Käse-Vorspeise-Kekse

Ausbeute: 1 Portion

**Zutaten**

- 4 Unzen (1 Tasse) zerkleinerter scharfer Cheddar-Käse.
- ½ Tasse Mayonnaise oder weiche Butter
- 1 Tasse Allzweckmehl
- ½ Teelöffel Salz
- 1 Prise gemahlener roter Pfeffer

**Richtungen**

a) Mehl leicht in Messbecher löffeln; abgleichen.

b) Mischen Sie in einem moderaten Gericht Käse, Margarine, Mehl, Salz und Paprika. Gründlich mischen und abdecken und 1 Stunde kalt stellen.

c) Den Teig zu 1 cm großen Kugeln formen.

d) Legen Sie 2 Zoll voneinander entfernt auf eine ungefettete Grillplatte. Mit den Zinken einer Gabel flachdrücken oder die Oberfläche eines in Mehl getauchten Fleischklopfers verwenden.

e) Nach Belieben leicht mit Paprika bestreuen.

f) 10 bis 12 Minuten grillen

## 43. Schokoladenkekse

Portionen: 12 Kekse

**Zutaten:**

- ½ Tasse Butter
- ⅓ Tasse Frischkäse
- 1 Ei geschlagen
- 1 Teelöffel Vanilleextrakt
- ⅓ Tasse Erythrit
- ½ Tasse Kokosmehl
- ⅓ Tasse zuckerfreier Schokoladensplitter

**Richtungen:**

a) Heißluftfritteuse auf 350°F vorheizen. Legen Sie den Luftfritteusenkorb mit Pergamentpapier aus und legen Sie die Kekse hinein

b) In einer Schüssel Butter und Frischkäse verrühren. Erythrit und Vanilleextrakt dazugeben und schaumig schlagen. Fügen Sie das Ei hinzu und schlagen Sie, bis es eingearbeitet ist. Kokosmehl und Schokoladenstückchen untermischen. Den Teig 10 Minuten ruhen lassen.

c) Etwa 1 Esslöffel Teig ausschöpfen und Kekse formen.

d) Legen Sie die Kekse in den Luftfritteusenkorb und backen Sie sie 6 Minuten lang.

# 44. Aprikosen-Frischkäse-Kekse

Ausbeute: 4 Portionen

## Zutaten

- 1½ Tasse Margarine
- 1½ Tasse Zucker
- 8 Unzen Philadelphia-Frischkäse
- 2 Ei
- 2 Esslöffel Zitronensaft
- 1½ Teelöffel Zitronenschale
- 4½ Tasse Mehl
- 1½ Teelöffel Backpulver
- Aprikosenfüllung
- Zucker, Konditoren
- 11 Unzen Aprikosen, getrocknet
- ½ Tasse) Zucker

## Richtungen

a) Kombinieren Sie Margarine, Zucker und weichen Frischkäse, bis alles gut vermischt ist

b) vermischt. Eier, Zitronensaft und Schale untermischen. Fügen Sie die kombinierten trockenen Zutaten der Frischkäsemischung hinzu und mischen Sie alles gut und kühlen Sie es ab. Zu einer mittelgroßen Kugel rollen. Auf ein ungefettetes Backblech legen. Leicht flach drücken, Mitte einziehen, Aprikosenfüllung in die Mitte geben. 15 Minuten bei 350 Grad backen. Etwas abkühlen lassen und Puderzucker darüber streuen.

c) **Füllung:** 1 Pck. (11 oz.) Aprikosen in einen Topf geben und mit Wasser bedecken. Fügen Sie ½ Tasse (oder nach Geschmack) Zucker hinzu und bringen Sie es zum Kochen.

d) Abdecken und 10 Minuten köcheln lassen oder bis die Aprikosen weich sind und das meiste Wasser absorbiert ist.

Durch ein Sieb streichen oder im Mixer pürieren. Ergibt 2 Tassen.

## 45. Käse-Erdnussbutter-Kekse

Ausbeute: 12 Portionen

## Zutaten
- ½ Tasse Erdnussbutter
- 1 Tasse Shredded Sharp oder Mild
- Cheddar-Käse
- ⅔ Tasse Butter, weich gemacht
- 1½ Tasse ungebleichtes Allzweckmehl
- ½ Teelöffel Salz

## Richtungen

a) In einer mittelgroßen Schüssel Erdnussbutter, Käse, Butter, Mehl und Salz mischen. Gut mischen. Zugedeckt 1 Stunde kalt stellen.

b) Heizen Sie den Ofen auf 375 Grad F. Legen Sie einen Teelöffel des Teigs im Abstand von 2 Zoll auf ein Backblech und backen Sie ihn 10 bis 12 Minuten lang oder bis er goldbraun ist.

## 46. Hüttenkäse Kekse

Ausbeute: 6 Portionen

## Zutaten
- ½ Tasse Butter oder Butterersatz
- 1½ Tasse Mehl
- 2 Teelöffel Backpulver
- ½ Tasse Hüttenkäse
- ½ Tasse) Zucker
- ½ Teelöffel Salz

**Richtungen**

a) Butter und Käse cremig schlagen, bis sie gründlich vermischt sind. Mehl sieben, abmessen und mit Zucker, Backpulver und Salz sieben. Fügen Sie nach und nach der ersten Mischung hinzu. Zu einem Laib formen. Über Nacht kalt stellen. Dünn schneiden.

b) Auf ein leicht geöltes Backblech legen. Im mäßigen Ofen (400 F) 10 Minuten backen oder bis sie zart braun sind.

## 47.     Hüttenkäse-Haferkekse

Ausbeute: 1 Portionen

## Zutaten

- 1 Tasse Mehl
- 1 Teelöffel Salz
- ½ Teelöffel Backpulver
- 1 Teelöffel Zimt
- 1½ Tasse Zucker
- ½ Tasse Melasse
- 1 Ei geschlagen
- 1 Teelöffel Zitronenschale
- 1 Esslöffel Zitronensaft
- ¾ Tasse Geschmolzenes Backfett
- ½ Tasse Rahmquark
- 3 Tassen Schnell kochende Haferflocken

## Richtungen

a) Mehl, Salz, Natron und Zimt zusammen sieben. Mischen Sie die nächsten fünf Zutaten, fügen Sie dann die gesiebte Mehlmischung, das Backfett und den Hüttenkäse hinzu.

b) Haferflocken untermischen. Teelöffelweise auf das gefettete Backblech geben und bei 350-375 backen, bis es fertig ist. Macht 4 Dutzend Kekse.

## 48. Frischkäse und Geleekekse

Ausbeute: 36 Kekse

## Zutaten

- $\frac{3}{4}$ Tasse Margarine, aufgeweicht
- 8 Unzen Pkg. reduziert = fetter Frischkäse, aufgeweicht
- $2\frac{1}{2}$ Teelöffel Süßstoff
- 2 Tassen Allzweckmehl
- $\frac{1}{4}$ Teelöffel Salz
- $\frac{1}{4}$ Tasse Schwarzkirsche ODER kernlose streichfähige Himbeerfrüchte

## Richtungen

a) Margarine, Frischkäse und Equal Measure in einer mittelgroßen Schüssel schaumig schlagen; Mehl und Salz untermischen, sodass ein weicher Teig entsteht. Zugedeckt kühl stellen, bis der Teig fest ist, etwa 3 Stunden.

b) Rollen Sie den Teig auf einer leicht bemehlten Oberfläche zu einem $\frac{1}{8}$ Zoll dicken Kreis aus und schneiden Sie ihn mit einem 3-Zoll-Ausstecher in Runden. Platzieren Sie abgerundete $\frac{1}{4}$ Teelöffel streichfähige Früchte in der Mitte jeder Runde; Falten Sie die Runden in zwei Hälften und drücken Sie die Ränder mit den Zinken der Gabel fest. Kekse mit der Spitze eines scharfen Messers einstechen.

c) Backen Sie Kekse auf gefetteten Backblechen im vorgeheizten 350 ° Ofen, bis sie leicht gebräunt sind, etwa 10 Minuten. Auf Gitterrosten abkühlen.

## 49. Kekse mit Frischkäse-Ausschnitt

Ausbeute: 5 Portionen

**Zutaten**
- 1 Tasse Zucker;
- 1 Tasse Margarine; weicher -=ODER=-
- 1 Tasse Butter
- 1 Packung (3-oz) Frischkäse, aufgeweicht
- 1 Teelöffel Vanille
- 1 Ei;
- $2\frac{1}{2}$ Tasse All-Vorschlag-Mehl; -=ODER=-
- $2\frac{1}{2}$ Tasse ungebleichtes Mehl
- $\frac{1}{4}$ Teelöffel Salz;
- Farbiger Zucker; WENN GEWÜNSCHT

**Richtungen**

a) In einer großen Schüssel Zucker, Margarine und Frischkäse schaumig schlagen. Vanille und Ei beigeben, gut verrühren.
b) Mehl in Messbecher dünn löffeln, glatt streichen. Mehl und Salz in Margarine einrühren; gut mischen. Mit Plastikfolie abdecken; ein bis zwei Stunden im Kühlschrank aufbewahren, um die Handhabung zu erleichtern. Ofen 375 F erhitzen.
c) Auf einem leicht bemehlten; Dicke; Den restlichen Teig kalt stellen. Ausgerollten Teig mit bemehlten Ausstechformen in gewünschte Formen schneiden. Im Abstand von 1 Zoll auf ein ungefettetes Backblech legen.
d) Lassen Sie die Kekse einfach oder bestreuen Sie sie mit farbigem Zucker.
e) Backen Sie die Kekse bei 375 Grad für 7 - 10 Minuten oder bis die Ränder leicht gebräunt sind. Kühlen Sie eine Minute ab; von Backblechen entfernen. Glasieren und dekorieren Sie einfache Kekse, falls gewünscht.

## 50. Jumbo-Frischkäse-Erdnussbutter-Cookie

Ausbeute: 12 Portionen

## Zutaten
- 1 Rolle gekühlte Slice 'n' Bake-Kekse
- ¾ Tasse Erdnussbutter
- 4 Unzen Frischkäse; Erweicht
- 3 Esslöffel Zucker
- ⅛ Teelöffel Salz
- 3 Esslöffel Margarine oder Butter, weich gemacht
- 2 Esslöffel Milch
- 2 Teelöffel Vanilleextrakt
- ½ Tasse Erdnüsse; Gehackt

## Richtungen

a) Heizen Sie den Ofen auf 375 Grad F. Rollen Sie den Keksteig auf einer 12-Zoll-Pizzapfanne aus. 12 bis 13 Minuten backen oder bis sie goldbraun sind.

b) Abkühlen lassen, bis es sich kalt anfühlt. Mischen Sie in einer kleinen Schüssel Erdnussbutter, Frischkäse, Zucker, Salz, Margarine, Milch und Vanille. Bei mittlerer Geschwindigkeit mit einem elektrischen Mixer schlagen, bis sie leicht und locker ist. Die Mischung auf dem Keks verteilen und mit den gehackten Erdnüssen bestreuen. In Keile schneiden.

## 51. Mexikanische Käsekekse

Ausbeute: 24 Portionen

**Zutaten**
- ½ Tasse) Zucker
- ⅓ Tasse Margarine
- 1 Tasse Monterey-Jack-Käse –
- Geschreddert
- 1 Tasse Allzweckmehl
- 1 Teelöffel Backpulver
- ¼ Teelöffel Salz
- 1 großes Ei - geschlagen

**Richtungen**

a) Ofen auf 375 Grad erhitzen. 1-Zucker und weiche Margarine mischen; Käse einrühren. Restliche Zutaten außer Ei unterrühren. 2- Rollen Sie den Teig mit einem Teelöffel zu Stäbchen von etwa 3½ x ½ Zoll. Auf ein leicht gefettetes Backblech legen. Stäbchen leicht andrücken, um sie flach zu drücken. Mit verquirltem Ei bestreichen.

b) 3-Backen, bis sie nur an den Rändern hellbraun sind, 8-10 Minuten. Sofort vom Blech nehmen und auf Gitterrosten abkühlen. Diese einzigartigen Kekse sind knusprig.

## 52. Orangen-Frischkäse-Kekse

Ausbeute: 48 Portionen

## Zutaten
- ½ Tasse Verkürzung
- 2 Eier
- 2 Esslöffel Geriebene Orangenschale
- 2 Tassen gesiebtes Mehl
- 12 Unzen Schokoladenstückchen
- 1 Tasse Zucker
- 8 Unzen Frischkäse
- 2 Teelöffel Vanille
- 1 Teelöffel Salz

## Richtungen

a) Sahnefett, Zucker und Eier zusammen; Frischkäse, Orangenschale und Vanille dazugeben. Fügen Sie allmählich Mehl hinzu, dem Salz hinzugefügt wurde; gut mischen.
b) Schokoladenstückchen untermischen. Vom Teelöffel auf ein ungefettetes Backblech geben.
c) Backen Sie in 350-Grad-Ofen ungefähr 10 bis 12 Minuten.

## 53. Apfelplätzchen mit Kräuterkäse

Ausbeute: 1 Portionen

## Zutaten
- ¾ Tasse Allzweckmehl
- ¾ Tasse Vollkornmehl
- 1 Tasse Scharfer Cheddar, gerieben
- 4 Esslöffel Backfett mit Buttergeschmack
- 1 Ei
- ½ Tasse Buttermilch
- 2 Äpfel, geschält, entkernt und fein gehackt
- 1 Teelöffel frische Petersilie, gehackt

## Richtungen

a) Ofen auf 400øF vorheizen. Mehl und Käse mischen und das Backfett einschneiden. Ei mit Buttermilch verquirlen und zur Mehlmischung geben.

b) Äpfel und Petersilie zur feuchten Mehlmischung geben und rühren, bis sich ein weicher Teig bildet. Mit einem Esslöffel auf ein ungefettetes Backblech geben und 15 bis 20 Minuten backen.

## 54. Ricotta-Käse-Plätzchen

Ausbeute: 5-8 Portionen

**Zutaten**
- ½ Pfund Margarine
- 2 Eier
- 1 Pfund Ricotta-Käse
- 2 Tassen Zucker
- 1 Teelöffel Backpulver
- 1 Teelöffel Backpulver
- 4 Tassen Mehl
- 2 Teelöffel Vanille- oder Zitronenextrakt
- ¼ Teelöffel Muskat

**Richtungen**

a) Butter und Zucker schaumig schlagen und dann Extrakt hinzufügen. Fügen Sie ein Ei nach dem anderen hinzu und schlagen Sie nach jeder Zugabe gut. Käse zugeben und 1 Min. schlagen.
b) Trockene Zutaten langsam zugeben. Teelöffelweise auf ein ungefettetes Backblech geben. Bei 350° 12-15 Minuten backen.
c) Zum Abkühlen auf ein Gitter stürzen und nach Belieben mit Puderzucker bestreuen.

## 55. Zähe Schoko-Frischkäse-Kekse

Ausbeute: 48 Portionen

## Zutaten

- 8 Unzen Leichter Frischkäse
- ½ Tasse Margarine
- 1 Ei
- 1½ Tasse Zucker
- 300 Gramm Schokoladenstückchen; geteilt
- 2¼ Tasse Mehl
- 1½ Teelöffel Backpulver
- ½ Tasse gehackte Walnüsse

## Richtungen

a) Frischkäse mit Butter, Ei und Zucker schaumig schlagen. 1 Tasse der Schokoladenstückchen schmelzen.

b) In den Teig rühren. Mehl, Natron und Walnüsse zusammen mit den restlichen Schokoladenstückchen unterrühren. Vom Esslöffel auf ein ungefettetes Backblech geben.

c) Backen Sie bei 350 Grad für 10-12 Minuten oder bis sie an den Rändern fest sind. Von den Backblechen nehmen und abkühlen lassen.

# INGWERPLÄTZCHEN

## 56.     Omas Gingersnaps

## Zutaten

- 3/4 Tasse Margarine
- 1 Tasse weißer Zucker
- 1 Ei
- 1/4 Tasse Melasse
- 2 Tassen Allzweckmehl
- 1 Esslöffel gemahlener Ingwer
- 1 Teelöffel gemahlener Zimt
- 2 Teelöffel Backpulver
- 1/2 Teelöffel Salz
- 1/2 Tasse weißer Zucker zur Dekoration

## Richtungen

a) Backofen auf 175 °C vorheizen.

b) In einer mittelgroßen Schüssel die Margarine und 1 Tasse weißen Zucker glatt rühren. Schlagen Sie das Ei und die Melasse ein, bis alles gut vermischt ist. Mehl, Ingwer, Zimt, Natron und Salz mischen; mit der Melasse-Mischung zu einem Teig verrühren. Rollen Sie den Teig in 1-Zoll-Kugeln und rollen Sie die Kugeln in dem restlichen Zucker. Legen Sie Kekse im Abstand von 2 Zoll auf ungefettete Backbleche.

c) 8 bis 10 Minuten im vorgeheizten Backofen backen. Lassen Sie die Kekse 5 Minuten auf dem Backblech abkühlen, bevor Sie sie zum vollständigen Abkühlen auf ein Kuchengitter legen.

## 57. Lebkuchenjungen

## Zutaten

- 1 Tasse Butter, weich
- 1 1/2 Tassen weißer Zucker
- 1 Ei
- 1 1/2 Esslöffel Orangenschale
- 2 Esslöffel dunkler Maissirup
- 3 Tassen Allzweckmehl
- 2 Teelöffel Backpulver
- 2 Teelöffel gemahlener Zimt
- 1 Teelöffel gemahlener Ingwer
- 1/2 Teelöffel gemahlene Nelken
- 1/2 Teelöffel Salz

## Richtungen

a) Butter und Zucker schaumig schlagen. Fügen Sie das Ei hinzu und mischen Sie gut. Orangenschale und dunklen Maissirup untermischen. Mehl, Natron, Zimt, Ingwer, gemahlene Nelken und Salz hinzugeben und gut verrühren. Teig mindestens 2 Stunden kalt stellen.

b) Backofen auf 190 °C vorheizen. Backbleche einfetten. Rollen Sie den Teig auf einer leicht bemehlten Oberfläche 1/4-Zoll dick aus. Mit Ausstechformen in gewünschte Formen schneiden. Legen Sie Kekse im Abstand von 1 Zoll auf die vorbereiteten Keksblätter.

c) 10 bis 12 Minuten im vorgeheizten Ofen backen, bis die Kekse fest und an den Rändern leicht geröstet sind.

# 58. Schokoladen-Rumkugeln

## Zutaten

- 3 1/4 Tassen zerkleinerte Vanillewaffeln
- 3/4 Tasse Puderzucker
- 1/4 Tasse ungesüßtes Kakaopulver
- 1 1/2 Tassen gehackte Walnüsse
- 3 Esslöffel heller Maissirup
- 1/2 Tasse Rum

## Richtungen

a) Rühren Sie in einer großen Schüssel die zerkleinerten Vanillewaffeln, 3/4 Tasse Puderzucker, Kakao und Nüsse zusammen. Maissirup und Rum einrühren.

b) Zu 1-Zoll-Kugeln formen und in zusätzlichem Puderzucker rollen. In einem luftdichten Behälter mehrere Tage aufbewahren, um den Geschmack zu entwickeln. Vor dem Servieren nochmals in Puderzucker wälzen.

59.     Kekse mit Ingwermelasse

Ausbeute: 72 Portionen

## Zutaten

- 2½ Tasse Mehl
- 2 Teelöffel gemahlener Ingwer
- 1 Teelöffel Zimt
- 2 Teelöffel Backpulver
- ½ Teelöffel Salz
- 12 Esslöffel ungesalzene Butter
- 1 Tasse brauner Zucker
- 1 Ei
- ⅓ Tasse Melasse
- Zucker zum Rollen

## Richtungen

a) Mehl, Gewürze, Soda und Salz mischen. Mit einem elektrischen Mixer bei mittlerer bis niedriger Geschwindigkeit Butter und Zucker schlagen, bis sie leicht und locker sind. Ei und Melasse unterschlagen. Reduzieren Sie die Geschwindigkeit auf niedrig und fügen Sie nach und nach die Mehlmischung hinzu, bis sie gerade vermischt ist. Chill bis fest, etwa 1 Stunde. Backofen auf 350° vorheizen.

b) Den Teig zu etwa 2,5 cm großen Kugeln formen, in Zucker wälzen und im Abstand von etwa 2 cm auf ein Backblech legen. Backen, bis die Ränder anfangen zu bräunen, ca. 15

min. Auf dem Backblech 2 Minuten abkühlen lassen, dann auf Gitterroste setzen.

## 60. Zähe Ingwer-Weihnachtsplätzchen

Ausbeute: 1 Portionen

## Zutaten

- 2 Tassen Zucker
- 1 Tasse Melasse
- 1 Tasse Crisco
- 2 Eier
- 2 Teelöffel Soda
- 4 Tassen Mehl
- 2 Teelöffel Ingwer
- 2 Teelöffel Zimt
- 1 Teelöffel Nelken
- ½ Teelöffel Salz

## Richtungen

a)  Von Hand gut mischen und hinzufügen: Alles zusammenmischen (von Hand - nicht Mixer).

b)  Zu Kugeln von der Größe einer kleinen Walnuss rollen, dann in rot und grün gefärbtem Zucker wälzen. Backen Sie bei 350 Grad für ungefähr 9 Minuten. Die Kekse sehen nicht ganz fertig aus, aber wenn sie nicht hart gebacken werden, werden sie zäh. Die Kekse werden nach unten sinken und Risse bekommen.

## 61. Ingwerplätzchen fallen lassen

Ausbeute: 1 Portionen

## Zutaten

- 1 Tasse Zucker
- 1 Tasse Melasse
- 1 Tasse Verkürzung
- 3 Eier
- 1 Tasse Wasser; heiß
- 1 Esslöffel Backpulver
- 1 Esslöffel Ingwer
- 1 Teelöffel Salz
- 5 Tassen Mehl

## Richtungen

a) Sahnefett und Zucker. Eier hinzufügen, gut schlagen. Melasse, Ingwer und Salz hinzufügen. Wieder schlagen. Soda in heißes Wasser geben. Gut umrühren.

b) Zu obiger Mischung hinzufügen. Mehl zugeben und löffelweise auf die gefettete Pfanne geben.

c) Backen Sie in gemäßigtem Ofen.

## 62. Ingwer-Zitronen-Kekse

Ausbeute: 36 Portionen

## Zutaten

- ¼ Pfund ungesalzene Butter
- ¾ Tasse Zucker; Plus
- 2 Esslöffel Zucker – plus mehr
- Zum Bestreuen
- 1 großes Ei
- 1 Esslöffel geriebene Zitronenschale
- 1⅓ Tasse Allzweckmehl
- ½ Teelöffel gemahlener Ingwer
- ½ Teelöffel Backpulver
- ¼ Teelöffel Salz
- ¼ Tasse kristallisierter Ingwer in 1/8-Zoll-Würfeln

## Richtungen

a) Backofen auf 350 Grad erhitzen. 2 Backbleche mit Pergament auslegen; beiseite legen.
b) Butter und Zucker in einem Elektromixer mit dem Paddel etwa 5 Minuten lang bei mittlerer bis hoher Geschwindigkeit leicht und locker mischen, dabei zweimal die Seiten der Schüssel abkratzen. Ei hinzufügen; Mischen Sie auf hoher Geschwindigkeit, um zu kombinieren.
c) Schale hinzufügen; mischen, um zu kombinieren. In einer Schüssel Mehl, gemahlenen Ingwer, Natron, Salz und kristallisierten Ingwer verquirlen, zur Buttermischung geben; Mischen Sie auf mittlerer bis niedriger Geschwindigkeit, um zu kombinieren, etwa 20 Sekunden. Mit zwei Löffeln etwa 2 Teelöffel Teig auf das Backblech geben; Wiederholen Sie dies und halten Sie sie 2 Zoll voneinander entfernt.
d) 7 Minuten backen. Macht 3 Dutzend.

## 63. Fettarme Ingwerkekse

Ausbeute: 1 Portionen

## Zutaten
- 1 Tasse Verpackter brauner Zucker
- ¼ Tasse Apfelmus
- ¼ Tasse Melasse
- 1 großes Ei
- 2¼ Tasse Mehl
- 3 Teelöffel gemahlener Ingwer
- 1½ Teelöffel Zimt
- ¼ Teelöffel gemahlene Nelken
- 1 Teelöffel Backpulver
- ¼ Tasse weißer Zucker

## Richtungen

a) Braunen Zucker, Apfelmus, Melasse und Ei in einer großen Schüssel glatt rühren. In einer anderen Schüssel die restlichen Zutaten (außer dem weißen Zucker) mischen und in die feuchte Mischung einrühren. Abdecken und mindestens 2 Stunden oder über Nacht kühl stellen.

b) Ofen vorheizen auf 350 Grad. Den Teig zu kleinen, walnussgroßen Kugeln formen, in weißem Zucker wälzen und im Abstand von 2 cm auf ein gefettetes Backblech legen.

c) 10-15 Minuten backen.

d) Herausnehmen und auf einem Gitter abkühlen.

64.        Kürbis und frische Ingwerkekse

Ausbeute: 2 Dutzend

## Zutaten

- 1¼ Tasse Verpackter hellbrauner Zucker
- 1 Tasse Kürbispüree
- 1 großes Ei
- 2 Esslöffel geriebene frische Ingwerwurzel
- 2 Esslöffel Sauerrahm
- 1 Teelöffel Vanille
- ½ Tasse ungesalzene Butter weich
- 2¼ Tasse Mehl
- 1 Teelöffel Backpulver
- 1 Teelöffel Backpulver
- ½ Teelöffel Salz
- ½ Teelöffel Zimt
- 1 Tasse gehackte Walnüsse
- 1 Tasse Johannisbeeren oder gehackte Rosinen

## Richtungen

a)  Backofen auf 350 vorheizen und Backbleche leicht einfetten. Kombinieren Sie Zucker, Kürbis, Ei, Ingwer, Sauerrahm und Vanille in der Küchenmaschine.

b)  Verarbeiten Sie ein glattes Püree. Fügen Sie die Butter hinzu und verarbeiten Sie weitere 8 Sekunden.

c)  Mehl, Natron, Backpulver, Salz und Zimt mischen. Rühren Sie die trockenen Zutaten in 2 Schritten in die Flüssigkeit, bis sie vermischt sind.

## 65. Weiche Ingwer-Cookies

Ausbeute: 1 Portionen

## Zutaten
- 12 Tassen Mehl
- 4 Tassen Melasse
- 2 Tassen Verkürzung
- 2 Tassen Milch; sauer
- 2 Teelöffel Backpulver
- 2 Esslöffel Ingwer
- 2 Esslöffel Zimt
- 1 Teelöffel Salz
- 2 Eier; geschlagen

## Richtungen

a) Mehl in die Pfanne sieben, in der Mitte eine Mulde formen. Fügen Sie Backfett, Melasse hinzu.

b) Sauermilch, in der Soda aufgelöst wurde. Gewürze, Salz und Ei zugeben.

c) Schnell zu einem glatten weichen Teig verrühren. Backen Sie in gemäßigtem Ofen.

## 66. Süße Träume Ingwerkekse

Ausbeute: 72 Portionen

## Zutaten
- 2 Stangen Margarine; erweicht
- 1½ Tasse hellbrauner Zucker; fest verpackt
- 2 Eier
- 2½ Tasse Allzweckmehl
- 1 Teelöffel Backpulver
- ½ Teelöffel Salz
- 1 Teelöffel Zimt
- 1 Teelöffel gemahlener Ingwer
- 1 Tasse gehackte Pekannüsse
- 12 Unzen Vanillestückchen
- 1 Teelöffel Vanilleextrakt

## Richtungen

a) Margarine, braunen Zucker und Eier schaumig rühren. Mischen Sie dann Mehl, Backpulver, Salz, Zimt und Ingwer hinzu. Pekannüsse, Vanillechips und Vanille unterheben.
b) In ein Zoll große Kugeln formen. Kugeln in Puderzucker wälzen.
c) Backen Sie 8-10 Minuten bei 375 Grad.

# FALLEN GELASSENE PLÄTZCHEN

# 67.     Orange Cranberry-Drops

**Zutaten**

- 1/2 Tasse verpackter brauner Zucker
- 1/4 Tasse Butter, weich
- 1 Ei
- 3 Esslöffel Orangensaft
- 1/2 Teelöffel Orangenextrakt
- 1 Teelöffel geriebene Orangenschale
- 1 1/2 Tassen Allzweckmehl
- 1/2 Teelöffel Backpulver
- 1/4 Teelöffel Natron
- 1/4 Teelöffel Salz
- 1 Tasse getrocknete Preiselbeeren

**Richtungen**

a) Backofen auf 190 °C vorheizen. Backbleche leicht einfetten oder mit Pergamentpapier auslegen.

b) In einer mittelgroßen Schüssel den weißen Zucker, den braunen Zucker und die Butter cremig rühren. Ei, Orangensaft, Orangenextrakt und Orangenschale unterrühren. Mehl, Backpulver, Natron und Salz zusammen sieben; unter die Orangenmasse mischen. Getrocknete Cranberries unterrühren. Lassen Sie den Keksteig fallen, indem Sie Teelöffel im Abstand von 2 Zoll auf die vorbereiteten Keksblätter häufen.

c) 10 bis 12 Minuten backen oder bis die Ränder anfangen zu bräunen. Auf Backblechen 5 Minuten abkühlen lassen, dann zum vollständigen Abkühlen auf ein Kuchengitter nehmen.

## 68.     Zuckerpflaumenbonbons

## Zutaten

- 1/2 Tasse Butter, weich
- 1/2 Tasse Verkürzung
- 11/2 Tassen weißer Zucker
- 2 Eier
- 2 Teelöffel Vanilleextrakt
- 2 3/4 Tassen Allzweckmehl
- 2 Teelöffel Weinstein
- 1 Teelöffel Backpulver
- 1/4 Teelöffel Salz
- 2 EL weißer Zucker
- 2 Teelöffel gemahlener Zimt

## Richtungen

a) Backofen auf 200 °C vorheizen.

b) Butter, Backfett, 1 1/2 Tassen Zucker, die Eier und die Vanille cremig rühren. Mehl, Weinstein, Natron und Salz einrühren. Teig mit runden Löffeln zu Kugeln formen.

c) Mischen Sie die 2 Esslöffel Zucker und den Zimt. Teigkugeln in der Mischung rollen. Legen Sie 2 Zoll auseinander auf ungefettete Backbleche.

d) Backen Sie 8 bis 10 Minuten oder bis sie fest, aber nicht zu hart sind. Sofort von den Backblechen lösen.

## 69.    Wiener Halbmond Plätzchen

## Zutaten

- 2 Tassen Allzweckmehl
- 1 Tasse Butter
- 1 Tasse Haselnüsse, gemahlen
- 1/2 Tasse gesiebter Puderzucker
- 1/8 Teelöffel Salz
- 1 Teelöffel Vanilleextrakt
- 2 Tassen gesiebter Puderzucker
- 1 Vanilleschote

## Richtungen

a) Backofen auf 190 °C vorheizen.

b) In einer großen Rührschüssel Mehl, Butter, Nüsse, 1/2 Tasse Puderzucker, Salz und Vanille mischen. Von Hand mischen, bis alles gründlich vermischt ist. Teig zu einer Kugel formen. Abdecken und 1 Stunde kühl stellen.

c) In der Zwischenzeit Zucker in eine Schüssel oder einen kleinen Behälter geben. Mit einem scharfen Kochmesser die Vanilleschote längs aufschlitzen. Samen auskratzen und mit dem Zucker vermischen. Schote in 2-Zoll-Stücke schneiden und mit Zucker mischen.

d) Teig aus dem Kühlschrank nehmen und zu 1-Zoll-Kugeln formen. Rollen Sie jede Kugel in eine kleine Rolle, 3 Zoll lang. Lassen Sie sie 2 Zoll voneinander entfernt auf ein ungefettetes Backblech fallen und biegen Sie jedes, um eine Halbmondform zu bilden.

e) 10 bis 12 Minuten im vorgeheizten Ofen backen oder bis sie fest, aber nicht braun sind.

f) 1 Minute stehen lassen, dann von den Backblechen entfernen. Heiße Kekse auf ein großes Blatt Alufolie legen. Mit der vorbereiteten Zuckermischung bestreuen. Vorsichtig wenden, um beide Seiten zu beschichten. Vollständig abkühlen lassen und in einem luftdichten Behälter bei Raumtemperatur aufbewahren. Kurz vor dem Servieren mit mehr Vanillezucker bestreichen.

## 70. Cranberry-Hootycreeks-Tropfen

## Zutaten

- 5/8 Tasse Allzweckmehl
- 1/2 Tasse Haferflocken
- 1/2 Tasse Allzweckmehl
- 1/2 Teelöffel Natron
- 1/2 Teelöffel Salz
- 1/3 Tasse verpackter brauner Zucker
- 1/3 Tasse weißer Zucker
- 1/2 Tasse getrocknete Preiselbeeren
- 1/2 Tasse weiße Schokoladenstückchen
- 1/2 Tasse gehackte Pekannüsse

## Richtungen

a) Schichten Sie die Zutaten in der angegebenen Reihenfolge in ein 1-Liter- oder 1-Liter-Glas.

b) 1. Backofen auf 175 °C vorheizen. Ein Backblech einfetten oder mit Pergamentpapier auslegen.

c) 2. In einer mittelgroßen Schüssel 1/2 Tasse weiche Butter, 1 Ei und 1 Teelöffel Vanille schaumig schlagen. Fügen Sie das gesamte Glas mit den Zutaten hinzu und mischen Sie es von Hand, bis alles gut vermischt ist. Mit gehäuften Löffeln auf die vorbereiteten Backbleche geben.

d) 3. 8 bis 10 Minuten backen oder bis die Ränder anfangen zu bräunen. Auf Backblechen abkühlen oder zum Abkühlen auf Gitterroste nehmen.

# 71. Apfel-Rosinen-Bonbons

Ausbeute: 1 Portionen

## Zutaten

- 1 Packung Pillsbury Moist Supreme Yellow Cake Mix
- 1 Teelöffel Zimt
- ½ Teelöffel Muskat
- ½ Tasse saure Sahne
- 2 Eier
- 1 Tasse Apfel; Grob zerkleinert
- ½ Tasse Rosinen
- 2 Esslöffel Puderzucker
- 4 Dutzend Kekse.

## Richtungen

a) Ofen auf 350F erhitzen. Backbleche einfetten. Kombinieren Sie in einer großen Schüssel Kuchenmischung, Zimt, Muskatnuss, Sauerrahm und Eier; gut vermischen.

b) Apfel und Rosinen unterrühren. Lassen Sie den Teig fallen, indem Sie Teelöffel im Abstand von 1 Zoll auf gefettete Backbleche häufen. 2.

c) 10 bis 14 Minuten backen oder bis die Ränder goldbraun sind.

d) Sofort von den Backblechen entfernen. Kühlen Sie 5 Minuten oder bis vollständig abgekühlt. Nach Belieben mit Puderzucker bestreuen.

# 72. Blaubeer-Tropfen-Kekse

Ausbeute: 30 Portionen

## Zutaten

- 2 Tassen gesiebtes Mehl
- 2 Teelöffel Backpulver
- $\frac{1}{4}$ Teelöffel Salz
- $\frac{3}{4}$ Tasse Verkürzung
- 1 Tasse Zucker
- 2 Eier
- $1\frac{1}{2}$ Teelöffel geriebene Zitronenschale
- $\frac{1}{2}$ Tasse Milch
- 1 Tasse frische Heidelbeeren

## Richtungen

a) Mehl, Backpulver und Salz zusammen sieben. Sahnefett weich schlagen und Zucker nach und nach unterschlagen. Fügen Sie Eier und Zitronenschale hinzu und schlagen Sie, bis alles gut vermischt ist. Mehlmischung abwechselnd mit Milch hinzugeben und nach jeder Zugabe glatt rühren.

b) Heidelbeeren leicht unterheben. Teelöffelweise auf das gefettete Backblech geben. Backen Sie bei 375 für 10-12 Minuten.

## 73. Kirschtropfen-Kekse

Ausbeute: 48 Portionen

## Zutaten

- 1 Packung Cherry Supreme Deluxe Cake
- ½ Tasse Speiseöl
- 2 Esslöffel Wasser
- 2 Eier
- Ein paar Tropfen rote Lebensmittelfarbe
- 1 Tasse gehackte Nüsse
- Geviertelte Maraschino-Kirsche

## Richtungen

a) Ofen vorheizen auf 350 Grad. Backmischung, Öl, Wasser, Eier und Lebensmittelfarbe verrühren. Nüsse unterrühren. Von einem Teelöffel auf ein ungefettetes Backblech geben. Bedecken Sie jeden Keks mit einem Viertel Maraschino-Kirsche.

b) 10-12 Minuten backen. Auf dem Backblech etwa 1 Minute abkühlen lassen, dann zum Abkühlen auf den Rost stellen.

## 74. Kekse mit Kakaotropfen

Ausbeute: 5 Dutzend

## Zutaten

- ½ Tasse Verkürzung
- 1 Tasse Zucker
- 1 Ei
- ¾ Tasse Buttermilch
- 1 Teelöffel Vanilleextrakt
- 1¾ Tasse Mehl, Allzweck
- ½ Teelöffel Soda
- ½ Teelöffel Salz
- ½ Tasse Kakao
- 1 Tasse Pekannüsse; gehackt (oder Walnüsse)

## Richtungen

a) Sahnefett; fügen Sie allmählich Zucker hinzu und schlagen Sie, bis hell und flaumig. Ei hinzufügen, gut schlagen. Buttermilch und Vanilleextrakt unterrühren.

b) Kombinieren Sie Mehl, Soda, Salz und Kakao; fügen Sie Rahmmischung hinzu und schlagen Sie gut. Pekannüsse unterrühren. Teig 1 Stunde kalt stellen.

c) Den Teig teelöffelweise im Abstand von 2 cm auf gefettete Backbleche geben.

d) Bei 400 Grad 8 bis 10 Minuten backen.

## 75. Mit Datum gefüllte Drop-Cookies

Ausbeute: 30 Kekse

## Zutaten

- 4 Tassen Grundlegende Keksmischung
- $\frac{1}{4}$ Teelöffel Zimt
- 2 Eier, geschlagen
- 1 Tasse Gehackte Datteln
- 3 Esslöffel Zucker
- 1 Teelöffel Vanille
- $\frac{1}{4}$ Tasse Wasser oder Buttermilch
- Walnußhälften
- 3 Esslöffel Wasser
- $\frac{1}{4}$ Tasse Gehackte Nüsse

## Richtungen

a) In einem kleinen Topf Datteln, Zucker und Wasser vermischen. Bei mittlerer Hitze etwa 5 bis 10 Minuten kochen, bis sie dickflüssig ist. Vom Herd nehmen.

b) Etwas abkühlen. Gehackte Nüsse unterrühren. Zum Abkühlen beiseite stellen. Backofen auf 375 vorheizen. Backbleche leicht einfetten. Kombinieren Sie in einer großen Schüssel Keksmischung, Zimt, Eier, Vanille und Wasser oder

Buttermilch. Gut mischen. Teelöffelweise auf die vorbereiteten Backbleche tropfen.

c) $\frac{1}{2}$ TL Dattelfüllung auf jeden Keks geben und den Teig leicht andrücken. Jeweils mit einem weiteren TL Teig bedecken. Mit der Walnusshälfte belegen. 10 bis 12 Minuten backen.

## 76. Devil's Food Drop-Kekse

Ausbeute: 6 Portionen

## Zutaten

- 1 Tasse brauner Zucker
- ½ Tasse Butter, weich
- 1 Teelöffel Vanille
- 2 Unzen (2 Quadrate) ungesüßte Schokolade
- 1 Ei
- 2 Tassen Mehl
- ½ Teelöffel Backpulver
- ½ Teelöffel Salz
- ¾ Tasse Sauerrahm
- ½ Tasse gehackte Walnüsse

## Mokka-Zuckerguss:

- 1½ Tasse Puderzucker
- 2 Esslöffel ungesüßter Kakao
- ¼ Tasse Butter, weich
- 1 bis 2 TL. Instant-Kaffee-Granulat
- 1½ Teelöffel Vanille
- 2 bis 3 EL. Milch

## Richtungen

### Kekse:

a) Backofen auf 350 Grad erhitzen. Backbleche einfetten. In einer großen Schüssel braunen Zucker und ½ Tasse Butter schaumig schlagen. Fügen Sie 1 TL hinzu. Vanille, Schokolade und Ei; gut vermischen.

b) Mehl leicht in Messbecher löffeln; abgleichen. In einer kleinen Schüssel Mehl, Natron und Salz mischen. Trockene Zutaten und saure Sahne zur Schokoladenmischung hinzufügen; gut mischen.

c) Walnüsse unterrühren. Tropfen Sie, indem Sie Teelöffel im Abstand von 2 Zoll auf gefettete Backbleche häufen. Backen Sie bei 350 für 10 bis 14 Minuten oder bis sie fest sind.

d) 1 Minute abkühlen; von Backblechen entfernen. Kühlen Sie vollständig ab.

### Glasur:

e) Kombinieren Sie in einer kleinen Schüssel alle Zutaten für die Glasur und fügen Sie genügend Milch für die gewünschte Ausbreitungskonsistenz hinzu. mixen, bis es glatt ist. Auf abgekühlten Plätzchen verteilen. Lassen Sie die Glasur fest werden, bevor Sie sie aufbewahren.

## 77. Hickory-Nuss-Tropfen-Kekse

Ausbeute: 1 Portionen

## Zutaten

- 2 Tassen Zucker
- 1 Tasse Backfett; Gut schlagen
- 2 Eier
- 1 Tasse Milch; sauer oder 1 Tasse Buttermilch
- 4 Tassen Mehl
- 1 Teelöffel Backpulver
- 1 Teelöffel Backpulver
- 1 Tasse Nüsse; gehackt
- 1 Tasse Rosinen; gehackt

## Richtungen

a) Natron und Backpulver mit Mehl sieben.

b) Restliche Zutaten mischen, gut mischen.

c) Teelöffelweise auf das Backblech geben.

d) Backen Sie in gemäßigtem 375 F. Ofen.

# 78. Ananas-Tropfen-Kekse

Ausbeute: 1 Portionen

## Zutaten

- $\frac{1}{4}$ Tasse Butter
- $\frac{3}{4}$ Tasse Zucker
- Je 1 Ei
- $\frac{1}{4}$ Tasse Ananas; entwässert und zerkleinert
- $1\frac{1}{4}$ Tasse Mehl; gesiebt
- Salz; eine Prise
- $\frac{1}{4}$ Teelöffel Backpulver
- $\frac{1}{2}$ Teelöffel Backpulver
- $\frac{1}{4}$ Tasse Nussfleisch

## Richtungen

a) Butter, Zucker, restliche Zutaten zugeben. Gut mischen, $\frac{1}{2}$ Teelöffel auf das Backblech geben.

b) Im Ofen bei 375 F backen.

# 79. Rosinen-Ananas-Tropfen-Kekse

Ausbeute: 36 Portionen

## Zutaten

- ½ Tasse Butter
- ½ Teelöffel Vanille
- 1 Tasse brauner Zucker, verpackt
- 1 Ei
- ½ Tasse Rosinen
- ¾ Tasse zerdrückte Ananas, abgetropft
- 2½ Tasse Mehl
- 1 Teelöffel Backpulver
- 1 Teelöffel Backpulver
- ½ Teelöffel Salz

## Richtungen

a) Butter, Vanille und Zucker schaumig schlagen, bis sie hell und luftig sind. Ei und Sahne gut zugeben. Rosinen und Ananas unterrühren. Trockene Zutaten zusammensieben. Nach und nach zur Sahnemischung geben. Rühren, bis alles gut vermischt ist.

b) Teelöffelweise auf gefettete Backbleche tropfen. Backen Sie 12-15 Minuten in einem vorgeheizten Ofen 375oF.

## 80. Zucchini-Drop-Cookies

Ausbeute: 36 Portionen

## Zutaten

- 1 Tasse geriebene Zucchini
- 1 Teelöffel Backpulver
- 1 Tasse Zucker
- ½ Tasse Backfett oder Butter
- 1 Ei; geschlagen
- 2 Tassen Mehl
- 1 Teelöffel Zimt
- ½ Teelöffel gemahlene Nelken
- ½ Teelöffel Salz
- 1 Tasse gehackte Nüsse
- 1 Tasse Rosinen

## Richtungen

a) Mischen Sie Zucchini, Soda, Zucker, Butter und geschlagenes Ei. Mehl, Zimt, Nelken und Salz hineinsieben. Zum Mischen umrühren. Rosinen und Nüsse unterrühren und den Teig teelöffelweise auf ein gefettetes Backblech geben.

b) Backen Sie im vorgeheizten Ofen 375F 12-15 Minuten. Macht 3 Dutzend.

# PLÄTZCHEN-SANDWICHES

## 81. Schokoladen-Trüffel-Plätzchen

Ergibt etwa 16 Kekse

## Zutaten

- 8 Esslöffel (1 Stick) ungesalzene Butter
- 8 Unzen dunkle Schokolade (64 % Kakao oder höher), grob gehackt
- ½ Tasse ungebleichtes Allzweckmehl oder glutenfreies Mehl
- 2 Esslöffel in den Niederlanden verarbeitetes Kakaopulver (99 % Kakao)
- ¼ Teelöffel feines Meersalz
- ¼ Teelöffel Natron
- 2 große Eier, bei Zimmertemperatur
- ½ Tasse) Zucker
- 2 Teelöffel Vanilleextrakt
- 1 Tasse dunkle Schokoladenstückchen (64 % Kakao oder höher)

## Richtungen:

a) Butter und dunkle Schokolade in einem Wasserbad bei schwacher Hitze schmelzen und gelegentlich umrühren, bis sie vollständig geschmolzen sind. Kühlen Sie vollständig ab.

b) Mehl, Kakaopulver, Salz und Natron in einer kleinen Schüssel mischen. Beiseite legen.

c) Eier und Zucker mit einem elektrischen Mixer in einer großen Schüssel bei hoher Geschwindigkeit etwa 2 Minuten lang hell und schaumig schlagen. Fügen Sie die Vanille hinzu, fügen Sie dann die geschmolzene Schokolade und Butter hinzu und schlagen Sie 1 bis 2 Minuten lang, bis alles gut vermischt ist.

d) Kratzen Sie die Seiten der Schüssel herunter und rühren Sie die trockenen Zutaten mit einem großen Gummispatel ein, bis sie eingearbeitet sind. Schokoladenstückchen unterheben. Mit Frischhaltefolie abdecken und mindestens 4 Stunden kühl stellen.

e) Positionieren Sie einen Rost in der Mitte des Ofens und heizen Sie den Ofen auf 325 ° F vor. Ein Backblech mit Pergamentpapier auslegen.

f) Befeuchten Sie Ihre Hände mit Wasser und rollen Sie den Teig in 2-Zoll-Kugeln und legen Sie sie etwa 2 Zoll voneinander entfernt auf das ausgekleidete Backblech. Arbeiten Sie schnell, und wenn Sie die Kekse in Chargen backen, kühlen Sie den restlichen Teig zwischen den Runden.

g) 12 bis 13 Minuten backen, bis die Ränder leicht aufgegangen sind und die Mitte größtenteils fest geworden ist. Aus dem Ofen nehmen und auf der Pfanne mindestens 10 Minuten abkühlen lassen, dann auf ein Gitter legen und vollständig abkühlen lassen.

**Um Eiscreme-Sandwiches zusammenzustellen**

h) Die Kekse auf ein Blech geben und 1 Stunde einfrieren. Weichen Sie 1 Liter Eiscreme auf, bis es schöpfbar ist. Ich mag es einfach zu halten und zu verwendenSüßes Sahneeis, aber Sie können jeden Geschmack verwenden, den Sie möchten.

i) Nehmen Sie die Kekse aus dem Gefrierschrank und löffeln Sie schnell 2 bis 4 Unzen Eiscreme auf einen Keks. Glätten Sie das Eis, indem Sie einen weiteren Keks darauf legen. Wiederholen.

j) Wenn du alle Sandwiches fertig zusammengestellt hast, gib sie zum Aushärten für mindestens 2 Stunden in den Gefrierschrank zurück.

## 82. Haferflocken-Creme-Sandwiches

Ergibt 24 Kekse

:

**Zutaten**

- 1½ Tassen ungebleichtes Allzweckmehl
- 2 Tassen schnellkochende Haferflocken (Instant-Haferflocken)
- 1 Teelöffel Backpulver
- ¼ Teelöffel gemahlener Zimt
- ½ Pfund (2 Sticks) ungesalzene Butter, weich
- 1½ Tassen verpackter hellbrauner Zucker
- ¾ Teelöffel feines Meersalz
- 1 Teelöffel Vanilleextrakt
- 2 große Eier, bei Zimmertemperatur
- 1 Liter Eis nach Wahl

**Richtungen:**

a) Positionieren Sie einen Rost in der Mitte des Ofens und heizen Sie den Ofen auf 325 ° F vor. Zwei Backbleche mit Pergament auslegen.

b) Mehl, Haferflocken, Natron und Zimt in einer Schüssel mischen und gründlich vermischen. Mit einem elektrischen

Mixer die Butter in einer großen Schüssel schlagen, bis sie glatt und cremig ist.

c) Fügen Sie Zucker und Salz hinzu und schlagen Sie, bis die Mischung hell und locker ist; Kratzen Sie die Seiten der Schüssel nach Bedarf ab. Fügen Sie den Vanilleextrakt hinzu und schlagen Sie nur, um zu kombinieren.

d) Die Eier einzeln hinzufügen und nach jeder Zugabe gut schlagen. Der Teig sollte glatt und cremig sein.

e) Fügen Sie die Hälfte der trockenen Zutaten hinzu und mischen Sie bei niedriger Geschwindigkeit, bis sie sich gerade verbunden haben. Fügen Sie das restliche Mehl hinzu und mischen Sie, bis es kombiniert ist. Achten Sie darauf, den Teig nicht zu überarbeiten.

f) Verwenden Sie eine 1-Unzen-Schaufel, um den Teig auf die Backbleche zu verteilen, und halten Sie die Kekse etwa 2 Zoll voneinander entfernt.

g) Die Kekse mit dem Handballen oder mit dem Rücken eines Holzlöffels leicht flach drücken.

h) Backen Sie die Plätzchen für 7 Minuten. Drehen Sie die Pfanne und backen Sie weitere 4 bis 6 Minuten oder bis die Kekse an den Rändern sehr leicht gebräunt sind, aber in der Mitte kaum fest werden.

i) Die Kekse auf dem Backblech 10 Minuten abkühlen lassen. Stapeln Sie sie dann in einem Behälter oder in einem 1-

Gallonen-Ziploc-Gefrierbeutel und frieren Sie sie 2 Stunden lang ein.

j) Um die Creme-Sandwiches zusammenzusetzen, legen Sie 3 gefrorene Kekse auf ein Blech. Legen Sie eine abgerundete Kugel (2 bis 3 Unzen) leicht weiche Eiscreme auf jeden Keks.

k) Mit drei weiteren Keksen belegen und die beiden Kekse zusammendrücken, bis die Eiscreme flach wird und auf die Außenkanten trifft.

l) Legen Sie die vollständig zusammengesetzten Cremesandwiches wieder in den Gefrierschrank und wiederholen Sie dies mit den restlichen Keksen.

83. Windbeutel und Éclairs Napfkuchen

Ergibt 6 bis 12 Portionen

## Zutaten

- 1 Tasse lauwarmes Wasser

- 4 Esslöffel ($\frac{1}{2}$ Stange) ungesalzene Butter, in Stücke geschnitten

- 1 Tasse ungebleichtes Allzweckmehl oder glutenfreies Mehl

- 4 große Eier, bei Zimmertemperatur

- Gefrorener Vanillepudding mit salziger VanilleoderSalziger Ziegenmilchschokolade Frozen Custard

- Schokoladenüberzug(verwenden Sie 4 Esslöffel Vollmilch)

## Richtungen:

a) Ofen auf 400°F vorheizen.

b) Kombinieren Sie das Wasser und die Butter in einem mittelschweren Topf und bringen Sie es unter Rühren zum Kochen, um die Butter zu schmelzen. Gießen Sie das gesamte Mehl hinein und mischen Sie, bis die Mischung eine Kugel bildet.

c) Vom Herd nehmen und die Eier einzeln mit einem elektrischen Mixer unterschlagen.

## Für Windbeutel

d) Löffeln Sie sechs einzelne 4-Zoll-Hügel aus Teig auf ein ungefettetes Backblech (für kleinere Puffs machen Sie zwölf 2-Zoll-Hügel). Backen, bis sie goldbraun sind, etwa 45 Minuten. Aus dem Ofen nehmen und abkühlen lassen.

**Für Eclairs**

e) Setzen Sie einen Spritzbeutel mit einer glatten $\frac{1}{4}$-Zoll-Spitze ein und spritzen Sie dann sechs bis zwölf 4-Zoll-Streifen auf ein ungefettetes Backblech. Backen, bis sie goldbraun sind, etwa 45 Minuten. Aus dem Ofen nehmen und abkühlen lassen.

**Für einen Gugelhupf**

f) Lassen Sie gleichmäßige Löffel Teig auf ein ungefettetes Backblech fallen, um ein 12-Zoll-Oval zu bilden. 45 bis 50 Minuten goldbraun backen. Aus dem Ofen nehmen und abkühlen lassen.

**Zusammensetzen**

g) Bereite die Glasur vor. Windbeutel, Eclairs oder Gugelhupf halbieren. Füllen Sie das Eis ein und setzen Sie die Deckel wieder auf.

h) Tauchen Sie für Windbeutel die Oberseite jedes Windbeutels in die Schokolade. Für Eclairs die Glasur großzügig darüber löffeln. Für den Gugelhupf weitere 5 EL Milch in die Glasur rühren; über den Gugelhupf träufeln.

i) Zum Servieren das Gebäck oder die Tortenstücke auf Tellern anrichten.

## 84. Eis-Cookie-Sandwich

:

## Zutaten

- 12 Schokoladenkekse
- 2 Tassen Vanilleeis (oder andere Geschmacksrichtungen), aufgeweicht

## Richtungen:

a) Legen Sie die Kekse auf ein Tablett in den Gefrierschrank.

b) Verteilen Sie das weiche Eis in einer flachen Pfanne oder einem Behälter auf eine Dicke von etwa 1/2 Zoll und frieren Sie es erneut ein. Wenn es wieder fest, aber nicht hart ist, schneiden Sie 6 Kreise aus der Eiscreme, die auf die Kekse passen. Das Eis aus der Pfanne vorsichtig auf 6 Kekse verteilen.

c) Mit einem zweiten Keks belegen. Gut andrücken und bis zum Verzehr einfrieren. Wenn sie gut gefroren sind, nehmen Sie sie 10 bis 15 Minuten vor dem Verzehr aus dem Gefrierschrank, da sie sonst sehr hart werden.

d) Essen Sie innerhalb von ein paar Tagen.

Serviert 6

## 85. Italienische Erdbeersandwiches

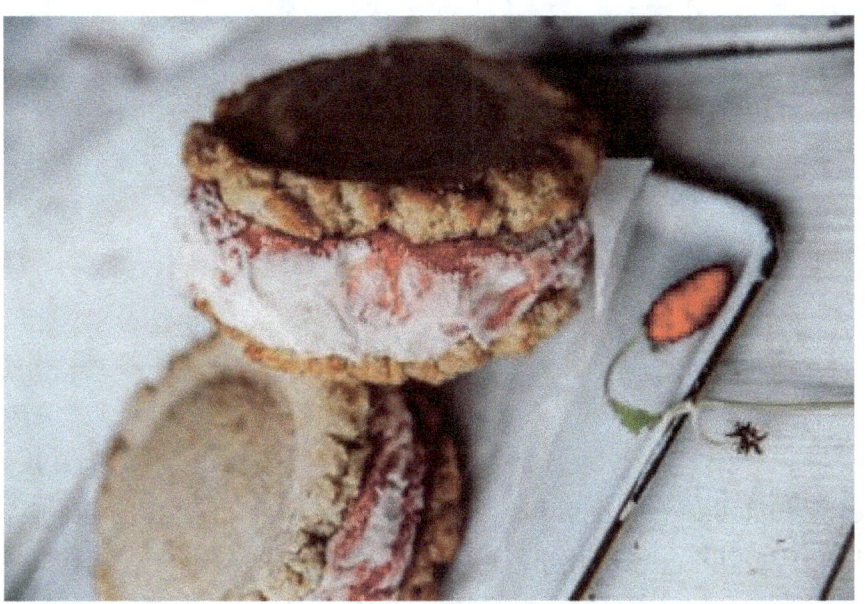

Ergibt: 12 bis 16 Sandwiches

**Zutaten**

- 1 Tasse milchfreie Margarine, aufgeweicht

- 3/4 Tasse verdampfter Rohrzucker, geteilt

- 2 Teelöffel Vanilleextrakt

- 2-1/4 Tassen ungebleichtes Allzweckmehl

**Richtungen**

a) In einer großen Schüssel die Margarine, 1/2 Tasse Zucker und die Vanille cremig rühren, bis alles gut vermischt ist. Das Mehl portionsweise dazugeben und rühren, bis der Teig weich und glatt ist. Teilen Sie den Teig in zwei Hälften und formen Sie jede Hälfte zu einem rechteckigen Klotz, etwa 5 Zoll lang, 3 Zoll breit und 2 Zoll hoch. Streuen Sie die restlichen 1/4 Tasse Zucker auf eine saubere Oberfläche und rollen Sie jeden Stamm darin, um die Außenseite zu beschichten. Wickeln Sie jedes Stück in Plastikfolie und kühlen Sie es mindestens 2 Stunden lang.

b) Ofen auf 375°F vorheizen. Zwei Backbleche mit Pergamentpapier auslegen.

c) Nimm die Plätzchenteig-Röllchen aus dem Kühlschrank. Schneiden Sie die Stämme mit einem scharfen Messer in 1/4 Zoll dicke Scheiben und drücken Sie beim Schneiden auf die Seiten des Stammes, um seine Form beizubehalten. Legen Sie die geschnittenen Kekse im Abstand von 1 Zoll auf die vorbereiteten Backbleche. 8 bis 10 Minuten backen oder bis die Ränder leicht gebräunt sind.

d) Lassen Sie die Kekse nach dem Herausnehmen aus dem Ofen 5 Minuten lang auf der Pfanne abkühlen und legen Sie sie dann auf ein Kuchengitter. Lassen Sie die Kekse vollständig abkühlen. In einem luftdichten Behälter aufbewahren

## 86. Karottenkuchen-Sandwiches

Ergibt: 12 bis 16 Sandwiches

**Zutaten**

- 2 Tassen ungebleichtes Allzweckmehl
- 1/2 Teelöffel Backpulver
- 2 Teelöffel gemahlener Zimt
- 1/2 Teelöffel gemahlener Ingwer
- 1/4 Teelöffel gemahlene Muskatnuss
- 1/4 Teelöffel Salz
- 3/4 Tasse milchfreie Margarine bei Raumtemperatur
- 1 Tasse verpackter dunkelbrauner Zucker
- 1/2 Tasse verdampfter Rohrzucker
- 2 Teelöffel Vanilleextrakt
- 1-1/2 Tassen fein geraspelte Karotten (etwa 2 mittelgroße Karotten)
- 1/3 Tasse geröstete, geraspelte Kokosnuss (optional)
- 1/3 Tasse zerkleinerte Walnüsse (optional)

**Richtungen**

a) Ofen auf 350°F vorheizen. Zwei Backbleche mit Pergamentpapier auslegen.

b) In einer kleinen Schüssel Mehl, Backpulver, Zimt, Ingwer, Muskatnuss und Salz mischen. In einer großen Schüssel

Margarine, braunen Zucker, Rohrzucker und Vanille cremig schlagen. Fügen Sie die trockenen Zutaten portionsweise zu den feuchten hinzu, bis sie glatt sind, und fügen Sie dann die geraspelten Karotten, Kokosnüsse und Walnüsse hinzu, falls verwendet.

c) Mit einem Kekstropfer oder Esslöffel gehäufte Teigkugeln im Abstand von etwa 2 cm auf die vorbereiteten Backbleche geben. Drücken Sie jeden Keks vorsichtig leicht nach unten.

d) 9 bis 11 Minuten backen oder bis die Ränder leicht golden sind. Aus dem Ofen nehmen und auf dem Backblech 5 Minuten abkühlen lassen, dann auf einem Kuchengitter abkühlen lassen. Lassen Sie die Kekse vollständig abkühlen. In einem luftdichten Behälter aufbewahren

# 87. Ingwer-Nuss-Eis

Macht: 1 Quart

- 2 Tassen pflanzliche Milch (höherer Fettgehalt, wie Soja oder Hanf)
- 3/4 Tasse verdampfter Rohrzucker
- 1 Teelöffel gemahlener Ingwer
- 1 Teelöffel Vanilleextrakt
- 1-1/2 Tassen rohe Cashewnüsse
- 1/16 Teelöffel Guarkernmehl
- 1/3 Tasse fein gehackter kandierter Ingwer

**Richtungen**

a) In einem großen Topf Milch und Zucker schaumig schlagen. Bei mittlerer Hitze die Mischung unter häufigem Rühren zum Kochen bringen. Sobald es kocht, reduzieren Sie die Hitze auf mittel-niedrig und rühren Sie ständig, bis sich der Zucker aufgelöst hat, etwa 5 Minuten. Vom Herd nehmen, Ingwer und Vanille dazugeben und verquirlen.
b) Gib die Cashews auf den Boden einer hitzebeständigen Schüssel und gieße die heiße Milchmischung darüber. Lassen Sie es vollständig abkühlen. Nach dem Abkühlen die Mischung in eine Küchenmaschine oder einen Hochgeschwindigkeitsmixer geben und verarbeiten, bis sie glatt ist, und bei Bedarf anhalten, um die Seiten abzukratzen. Streuen Sie gegen Ende Ihrer Verarbeitung das Guarkernmehl hinein und stellen Sie sicher, dass es gut eingearbeitet ist.
c) Gießen Sie die Mischung in die Schüssel einer 1-1/2- oder 2-Liter-Eiscrememaschine und verarbeiten Sie sie gemäß

den Anweisungen des Herstellers. Sobald das Eis fertig ist, den kandierten Ingwer vorsichtig untermischen. In einem luftdichten Behälter mindestens 2 Stunden im Gefrierschrank aufbewahren, bevor die Sandwiches zusammengesetzt werden.

**Um die Sandwiches zu machen**

d) Lassen Sie das Eis etwas weicher werden, damit es sich leicht schöpfen lässt. Legen Sie die Hälfte der Kekse mit der Unterseite nach oben auf eine saubere Oberfläche. Schaufeln Sie eine großzügige Kugel Eiscreme, etwa 1/3 Tasse, auf die Oberseite jedes Kekses. Das Eis mit den restlichen Keksen bedecken, wobei die Keksböden das Eis berühren.

e) Drücken Sie vorsichtig auf die Kekse, um sie zu nivellieren. Wickeln Sie jedes Sandwich in Plastikfolie oder Wachspapier ein und stellen Sie es vor dem Servieren für mindestens 30 Minuten in den Gefrierschrank.

## 88. Schokoladenplätzchen und Vanille-Sandwich

## Zutaten

- 1/3 Tasse milchfreie Margarine bei Raumtemperatur
- 2/3 Tasse verdampfter Rohrzucker
- 2 Esslöffel Pflanzenmilch
- 1/4 Teelöffel milder Essig
- 1 Teelöffel Vanilleextrakt
- 3/4 Tasse ungebleichtes Allzweckmehl
- 1/3 Tasse ungesüßter Backkakao, gesiebt
- 1/2 Teelöffel Backpulver
- 1/8 Teelöffel Salz

## Richtungen

a) Ofen auf 375°F vorheizen. Ein Backblech mit Pergamentpapier auslegen.
b) In einer mittelgroßen Schüssel Margarine und Zucker schaumig rühren. Milch, Essig und Vanille unterrühren. In einer kleinen Schüssel Mehl, Kakao, Backpulver und Salz mischen. Fügen Sie die trockenen Zutaten zu den nassen hinzu und mischen Sie gründlich.
c) Auf das vorbereitete Backblech stürzen. Legen Sie ein Blatt Wachspapier über den Teig und rollen Sie ihn zu einem etwa 1/4 Zoll dicken Quadrat aus. Das Wachspapier entfernen und 10 bis 12 Minuten backen, bis die Ränder fest und leicht geschwollen sind. Es wird

weich und nicht vollständig gebacken erscheinen, aber es ist.
d) Aus dem Ofen nehmen und auf dem Backblech auf einem Kuchengitter etwa 15 Minuten abkühlen lassen. Kekse vorsichtig in die gewünschte Form schneiden. Sie können einen Glas- oder Keksausstecher verwenden, um sie rund zu machen, oder den Teig maximieren, indem Sie sie in gleich große Quadrate schneiden.
e) Die Plätzchen vom Blech nehmen und auf dem Rost auskühlen lassen.

## 89. Vanille-Soja-Eis-Sandwich

Macht: 1-1/4 Liter

**Zutaten**

- 3/4 Tasse verdampfter Rohrzucker

- 1 Esslöffel plus 2 Teelöffel Tapiokastärke

- 2-1/2 Tassen Soja- oder Hanfmilch (Vollfett)

- 1 Teelöffel Kokosöl

- 2 Teelöffel Vanilleextrakt

**Richtungen**

a) In einem großen Topf Zucker und Tapiokastärke mischen und verquirlen, bis sie eingearbeitet sind. Milch zugießen, unter Rühren einarbeiten.
b) Bei mittlerer Hitze die Mischung unter häufigem Rühren zum Kochen bringen. Sobald es kocht, reduzieren Sie die Hitze auf mittel-niedrig und rühren Sie ständig, bis die Mischung eindickt und die Rückseite eines Löffels bedeckt, etwa 5 Minuten lang. Vom Herd nehmen, Kokosöl und Vanille dazugeben und vermischen.
c) Übertragen Sie die Mischung in eine hitzebeständige Schüssel und lassen Sie sie vollständig abkühlen.
d) Gießen Sie die Mischung in die Schüssel einer 1-1/2- oder 2-Liter-Eiscrememaschine und verarbeiten Sie sie gemäß den Anweisungen des Herstellers. In einem luftdichten Behälter mindestens 2 Stunden im Gefrierschrank aufbewahren, bevor die Sandwiches zusammengesetzt werden.

**Um die Sandwiches zu machen**

e) Lassen Sie das Eis etwas weicher werden, damit es sich leicht schöpfen lässt. Legen Sie die Hälfte der Kekse mit der Unterseite nach oben auf eine saubere Oberfläche. Schaufeln Sie eine großzügige Kugel Eiscreme, etwa 1/3 Tasse, auf die Oberseite jedes Kekses.
f) Das Eis mit den restlichen Keksen bedecken, wobei die Keksböden das Eis berühren. Drücken Sie vorsichtig auf die Kekse, um sie zu nivellieren.
g) Wickeln Sie jedes Sandwich in Plastikfolie oder Wachspapier ein und legen Sie es vor dem Servieren mindestens 30 Minuten lang in den Gefrierschrank.

## 90. Röntgen-Eis-Sandwiches

Ergibt: 12 bis 16 Sandwiches

## Zutaten

- 2 Tassen ungebleichtes Allzweckmehl
- 1 Teelöffel Backpulver
- 1/4 Teelöffel Salz
- 1 Tasse milchfreie Margarine bei Raumtemperatur
- 1/2 Tasse verpackter brauner Zucker
- 1/2 Tasse verdampfter Rohrzucker
- 1 Teelöffel Maisstärke
- 2 Esslöffel Pflanzenmilch
- 1-1/2 Teelöffel Vanilleextrakt

## Richtungen

a) Ofen auf 350°F vorheizen. Zwei Backbleche mit Pergamentpapier auslegen.

b) In einer kleinen Schüssel Mehl, Natron und Salz mischen. In einer großen Schüssel Margarine, braunen Zucker und Rohrzucker cremig schlagen. Die Maisstärke in der Milch in einer kleinen Schüssel auflösen und zusammen mit der Vanille zur Margarine-Mischung geben. Die trockenen Zutaten portionsweise zu den feuchten geben und glatt rühren.

c) Mit einem Kekstropfer oder Esslöffel gehäufte Esslöffel Teig auf die vorbereiteten Backbleche in einem Abstand von etwa 2 Zoll geben. 8 bis 10 Minuten backen oder bis die Ränder leicht golden sind.

d) Aus dem Ofen nehmen und 5 Minuten auf der Pfanne abkühlen lassen, dann auf einem Kuchengitter abkühlen lassen. Lassen Sie die Kekse vollständig abkühlen. In einem luftdichten Behälter aufbewahren.

## 91.     Schokoladen-Soja-Eis

Macht: 1-1/4 Liter

## Zutaten

- 3/4 Tasse verdampfter Rohrzucker
- 1/3 Tasse ungesüßter Backkakao, gesiebt
- 1 Esslöffel Tapiokastärke
- 2-1/2 Tassen Soja- oder Hanfmilch (Vollfett)
- 2 Teelöffel Kokosöl
- 2 Teelöffel Vanilleextrakt

## Richtungen

a) In einem großen Topf Zucker, Kakao und Tapiokastärke mischen und verquirlen, bis Kakao und Stärke in den Zucker eingearbeitet sind. Milch zugießen, unter Rühren einarbeiten. Bei mittlerer Hitze die Mischung unter häufigem Rühren zum Kochen bringen.

b) Sobald es kocht, reduzieren Sie die Hitze auf mittel-niedrig und rühren Sie ständig, bis die Mischung eindickt und die Rückseite eines Löffels bedeckt, etwa 5 Minuten lang. Vom Herd nehmen, Kokosöl und Vanille dazugeben und verrühren.

c) Übertragen Sie die Mischung in eine hitzebeständige Schüssel und lassen Sie sie vollständig abkühlen.

d) Gießen Sie die Mischung in die Schüssel einer 1-1/2- oder 2-Liter-Eiscrememaschine und verarbeiten Sie sie gemäß den Anweisungen des Herstellers. In einem luftdichten Behälter mindestens 2 Stunden im Gefrierschrank aufbewahren, bevor die Sandwiches zusammengesetzt werden.

e) Lassen Sie das Eis etwas weicher werden, damit es sich leicht schöpfen lässt. Legen Sie die Hälfte der Kekse mit der Unterseite nach oben auf eine saubere Oberfläche. Schaufeln Sie eine großzügige Kugel Eiscreme, etwa 1/3 Tasse, auf die Oberseite jedes Kekses. Das Eis mit den restlichen Keksen bedecken, wobei die Keksböden das Eis berühren.

f) Drücken Sie vorsichtig auf die Kekse, um sie auszugleichen. Wickeln Sie jedes Sandwich in Plastikfolie oder Wachspapier ein und stellen Sie es vor dem Servieren für mindestens 30 Minuten in den Gefrierschrank.

## 92. Doppelte Schokoladensandwiches

Ergibt: 12 bis 16 Sandwiches

## Zutaten

- 1 Tasse ungebleichtes Allzweckmehl
- 1/2 Tasse ungesüßter Backkakao, gesiebt
- 1/2 Teelöffel Natron
- 1/4 Teelöffel Salz
- 1/4 Tasse milchfreie Schokoladenstückchen, geschmolzen
- 1/2 Tasse milchfreie Margarine, aufgeweicht
- 1 Tasse verdampfter Rohrzucker
- 1 Teelöffel Vanilleextrakt

## Richtungen

a) Ofen auf 325°F vorheizen. Zwei Backbleche mit Pergamentpapier auslegen.
b) In einer mittelgroßen Schüssel Mehl, Kakaopulver, Natron und Salz mischen. In einer großen Schüssel mit einem elektrischen Handmixer die geschmolzenen Schokoladenstückchen, Margarine, Zucker und Vanille cremig rühren, bis alles gut vermischt ist. Fügen Sie die trockenen Zutaten portionsweise zu den feuchten hinzu, bis sie vollständig eingearbeitet sind.
c) Schaufeln Sie kleine Teigkugeln, etwa so groß wie eine große Murmel (ungefähr 2 Teelöffel), auf die vorbereiteten Backbleche im Abstand von etwa 2 Zoll. Fetten Sie die Rückseite eines Esslöffels leicht ein und drücken Sie vorsichtig und gleichmäßig auf jeden Keks,

bis er flach ist und etwa 1-1/2 Zoll breit ist. 12 Minuten backen oder bis die Ränder fest sind. Wenn Sie beide Bleche gleichzeitig backen, drehen Sie die Bleche nach der Hälfte der Zeit.

d) Lassen Sie die Kekse nach dem Herausnehmen aus dem Ofen 5 Minuten lang auf der Pfanne abkühlen und legen Sie sie dann auf ein Kuchengitter. Lassen Sie die Kekse vollständig abkühlen. In einem luftdichten Behälter aufbewahren

## 93.     Schokoladen-Kokos-Eis-Sandwich

Macht: 1 Quart

**Zutaten**

- 3/4 Tasse verdampfter Rohrzucker
- 1/3 Tasse ungesüßter Backkakao, gesiebt
- 1 (13,5 Unzen) Dose Vollfett-Kokosmilch (nicht hell)
- 1 Tasse pflanzliche Milch
- 1 Teelöffel Vanilleextrakt

**Richtungen**

a) Zucker und Kakao in einem großen Topf mischen und rühren, bis der Kakao in den Zucker eingearbeitet ist. Gießen Sie die Kokosmilch und die andere Pflanzenmilch hinein und verquirlen Sie sie, um sie einzuarbeiten. Bei mittlerer Hitze die Mischung unter häufigem Rühren zum Kochen bringen. Sobald es kocht, reduzieren Sie die Hitze auf mittel-niedrig und rühren Sie ständig, bis sich der Zucker aufgelöst hat, etwa 5 Minuten. Vom Herd nehmen und die Vanille hinzugeben und verquirlen.

b) Übertragen Sie die Mischung in eine hitzebeständige Schüssel und lassen Sie sie vollständig abkühlen.

c) Gießen Sie die Mischung in die Schüssel einer 1-1/2- oder 2-Liter-Eiscrememaschine und verarbeiten Sie sie gemäß den Anweisungen des Herstellers. In einem luftdichten Behälter mindestens 2 Stunden im Gefrierschrank aufbewahren, bevor die Sandwiches zusammengesetzt werden.

d) Lassen Sie das Eis etwas weicher werden, damit es sich leicht schöpfen lässt. Legen Sie die Hälfte der Kekse mit der Unterseite nach oben auf eine saubere Oberfläche.

Schaufeln Sie eine großzügige Kugel Eiscreme, etwa 1/3 Tasse, auf die Oberseite jedes Kekses. Das Eis mit den restlichen Keksen bedecken, wobei die Keksböden das Eis berühren.

e) Drücken Sie vorsichtig auf die Kekse, um sie auszugleichen. Wickeln Sie jedes Sandwich in Plastikfolie oder Wachspapier ein und legen Sie es vor dem Servieren mindestens 30 Minuten lang in den Gefrierschrank.

## 94. Gefrorene Schokoladenbananen

## Zutaten

- 4 feste, aber reife kleine Bananen
- 6 Unzen. Milchschokolade, in Stücke gebrochen
- 6 Esslöffel Sahne
- 4 Esslöffel Orangensaft

## Richtungen

a) Friere die Bananen in ihrer Schale für etwa 2 Stunden ein.

b) Die Schokolade mit der Sahne und dem Orangensaft in einem kleinen Topf schmelzen und gelegentlich umrühren, bis sie geschmolzen und glatt ist. In eine kalte Schüssel gießen und stehen lassen, bis es gerade anfängt einzudicken und abzukühlen. Lassen Sie es nicht zu kalt werden, sonst wird es nicht leicht beschichten.

c) Nehmen Sie die Bananen aus dem Gefrierschrank und entfernen Sie ihre Haut sauber. Tauchen Sie jede Banane in die Schokolade, um sie gründlich zu überziehen, und entfernen Sie sie dann mit einem oder zwei langen Holzspießen. Halten Sie die Banane über die Schüssel, während die überschüssige Schokolade abtropft. Dann legen Sie die Banane auf Wachspapier, bis die Schokolade fest wird. In 2 oder 3 Stücke schneiden und bis zum Servieren wieder in den Gefrierschrank stellen.

d) Wenn Sie möchten, stecken Sie zum Servieren einen Eisstiel in jedes Stück.
e) Diese Bananen sind nicht gut haltbar und sollten am Tag ihrer Herstellung gegessen werden.

## 95. Eis-Cookie-Sandwich

**Zutaten**

- 12 Schokoladenkekse

- 2 Tassen Vanilleeis (oder andere Geschmacksrichtungen), aufgeweicht

**Richtungen**

a) Legen Sie die Kekse auf ein Tablett in den Gefrierschrank.

b) Verteilen Sie das weiche Eis in einer flachen Pfanne oder einem Behälter auf eine Dicke von etwa 1/2 Zoll und frieren Sie es erneut ein. Wenn es wieder fest, aber nicht hart ist, schneiden Sie 6 Kreise aus der Eiscreme, die auf die Kekse passen. Das Eis aus der Pfanne vorsichtig auf 6 Kekse verteilen.

c) Mit einem zweiten Keks belegen. Gut andrücken und bis zum Verzehr einfrieren. Wenn sie gut gefroren sind, nehmen Sie sie 10 bis 15 Minuten vor dem Verzehr aus dem Gefrierschrank, da sie sonst sehr hart werden.

d) Essen Sie innerhalb von ein paar Tagen.

Serviert 6

**Snickerdoodle**

## 96. Snickerdoodles aus Maismehl

Ausbeute: 4 Portionen

## Zutaten

- 1 Tasse ungesalzene Butter auf Zimmer
- Temperatur
- ⅓ Tasse Honig
- ⅓ Tasse Zucker
- 2 große Eier bei Zimmertemperatur
- Fein geriebene Schale von 1
- Zitrone
- ½ Teelöffel Vanille
- 1½ Tasse Mehl
- 1 Tasse gelbes Maismehl
- 1 Teelöffel Backpulver
- ½ Teelöffel Salz
- Zucker zum Einrollen von Keksen

## Richtungen

a) Butter, Honig und Zucker schaumig rühren. Die Eier unterschlagen und die Zitronenschale und Vanille unterrühren. In einer separaten Schüssel Mehl, Maismehl, Backpulver und Salz mischen.

b) Rühren Sie die trockenen Zutaten in 2 Schritten in die cremige Mischung, bis sie gleichmäßig vermischt sind. Teig abgedeckt 3 Stunden kühl stellen.

c) Kann über Nacht gekühlt werden. Backofen auf 375 vorheizen und Backbleche einfetten. Teig zu $1\frac{1}{4}$ Zoll großen Kugeln formen. Rollen Sie die Kugeln in Zucker und legen Sie sie im Abstand von etwa 2 cm auf Blätter.

d) 15 Minuten backen, bis die Oberseiten leicht widerstandsfähig gegen sanften Fingerdruck sind.

e) Auf einem Gitter abkühlen lassen.

## 97. Fettarme Snickerdoodles

Ausbeute: 1 Portionen

## Zutaten

- 1½ Tasse Zucker
- ½ Tasse Margarine
- 1 Teelöffel Vanille
- ½ Tasse Ei-Ersatz
- 2¾ Tasse Mehl
- 1 Teelöffel Weinstein
- ½ Teelöffel Backpulver
- ¼ Teelöffel Salz
- 2 Esslöffel Zucker
- 2 Teelöffel Zimt

## Richtungen

a) 1½ Tassen Zucker und Margarine schaumig schlagen. Vanille und Ei-Ersatz unterschlagen. Mehl, Weinstein, Natron und Salz einrühren. Teig ca. 1 - 2 Stunden kalt stellen.

b) Kombinieren Sie 2 Esslöffel Zucker und Zimt. Teig zu 48 - 1 Zoll großen Kugeln formen. In der Zucker-Zimt-Mischung wälzen.

c) Kugeln auf mit Pam besprühte Backbleche legen.

d) Backen Sie bei 400 für 8 bis 10 Minuten. Auf Gitterrosten abkühlen.

## 98. Vollkorn-Snickerdoodles

Ausbeute: 60 Portionen

**Zutaten**

- 1½ Tasse Zucker
- 1 Tasse Butter, weich
- 1 Ei plus
- 1 Eiweiß
- 1½ Tasse Vollkornmehl
- 1¼ Tasse Allzweckmehl
- 1 Teelöffel Backpulver
- ¼ Teelöffel Salz
- 2 Esslöffel Zucker
- 2 Teelöffel gemahlener Zimt

**Richtungen**

a) Zucker und Butter in einer Rührschüssel schaumig schlagen. Fügen Sie Ei und Eiweiß hinzu; Gut schlagen. Kombinieren Sie die trockenen Zutaten; zu der cremigen Mischung geben und gut schlagen. Kombinieren Sie in einer kleinen Schüssel die Topping-Zutaten.

b)  Teig zu walnussgroßen Kugeln formen; in Zimt-Zucker wälzen.

c)  Legen Sie 2 auseinander in ungefettete Backbleche. Backen Sie bei 400 für 8-10 Minuten.

d)  Kekse blähen sich gut auf und werden beim Backen flach.

## 99. Eierlikör-Snickerdoodles

Ausbeute: 48 Portionen

## Zutaten

- 2¾ Tasse Allzweckmehl
- 2 Teelöffel Weinstein
- 1½ Tasse Zucker
- 1 Teelöffel Backpulver
- 1 Tasse Butterweich
- ¼ Teelöffel Salz
- 2 Eier
- ½ Teelöffel Brandy-Extrakt
- ½ Teelöffel Rumextrakt

## Zuckermischung

- ¼ Tasse Zucker oder farbiger Zucker
- 1 Teelöffel Muskat

## Richtungen

a) Backofen vorheizen: 400 In 3-qt. Rührschüssel alle Plätzchen-Zutaten mischen.

b) Bei niedriger Geschwindigkeit schlagen, die Seiten der Schüssel oft abkratzen, bis alles gut vermischt ist (2 bis 4 Min.).

c) Kombinieren Sie in einer kleinen Schüssel Zuckermischung; rühren, um zu mischen. Runden Teelöffel Teig zu 2,5 cm großen Kugeln formen und in der Zuckermischung wälzen.

d) Im Abstand von 2 Zoll auf ungefettete Backbleche legen. Nahe der Mitte des Ofens bei 400 °C 8 bis 10 Minuten lang backen oder bis die Ränder leicht gebräunt sind.

## 100. Schokoladen-Snickerdoodles

Ausbeute: 1 Portionen

## Zutaten

- 2¼ Tasse Zucker
- 2 Teelöffel Kürbiskuchengewürz
- ½ Tasse Kakaopulver
- 1 Tasse Butter, weich
- 2 Eier
- 2 Teelöffel Vanilleextrakt
- 2¼ Tasse Mehl
- 1½ Teelöffel Backpulver

## Richtungen

a) In einer großen Rührschüssel Zucker und Gewürze verrühren; ½ Tasse der Mischung in einer flachen Schüssel beiseite stellen.

b) Kakaopulver in die Rührschüssel geben; rühren, um zu mischen. Butter hinzufügen; bei mittlerer Geschwindigkeit schaumig schlagen.

c) Eier und Vanille untermischen. Mehl und Backpulver einrühren.

d) Teig zu einer Kugel formen und in der beiseite gestellten Zuckermischung wälzen.

e) Wiederholen Sie den Vorgang mit dem restlichen Teig und legen Sie ihn im Abstand von 2 Zoll auf gefettete Backbleche.

f) Im 350-Grad-Ofen 12-15 Minuten backen oder bis die Ränder fest sind. Auf einem Kuchengitter abkühlen.

g) Ergibt etwa 4-$\frac{1}{2}$ Dutzend Kekse.

# FAZIT

Wer liebt keinen Keks. Denken Sie nur: Ohne Backöfen gäbe es diese Leckereien nicht. Tatsächlich wurde der Keks in den Tagen vor den Thermostaten erfunden, um zu testen, ob primitive Öfen die richtige Temperatur zum Backen von Kuchen hatten. Anstatt einen ganzen Kuchen zu ruinieren, wurde zuerst ein „kleiner Kuchen" oder Keks getestet. Dass aus der „Testtorte" ein Leckerbissen mit ganz eigenen Reizen werden würde, hätte damals niemand gedacht.

Kekse sind kleine, süße, flache, trockene Kuchen – Fingerfood für eine Portion. Sie basieren im Allgemeinen auf Mehl, können aber auch mehlfrei sein – zum Beispiel aus Eiweiß und/oder Mandeln wie Makronen – oder aus glutenfreiem Mehl wie Reismehl. Kekse können weich, zäh oder knusprig sein. Sie können groß oder klein, schlicht oder schick sein. Sie können einfach sein – Butter und Zucker – oder komplex, mit einer Vielzahl von Zutaten oder zu Kekssandwiches verarbeitet, zwei Schichten und Füllung. Aber sie begannen vor langer Zeit, nicht als Leckerbissen oder Komfortnahrung, sondern als Ofenregulator!

www.ingramcontent.com/pod-product-compliance
Lightning Source LLC
Chambersburg PA
CBHW071605080526
44588CB00010B/1020